AU COEUR DES
EMOTIONS DE L'ENFANT

# 理解孩子的语言

〔法〕伊莎贝拉·费利奥沙◎著　　黄君艳◎译

北京科学技术出版社

著作权合同登记号　图字：01-2012-7996

**图书在版编目（CIP）数据**

理解孩子的语言 / （法）伊莎贝拉·费利奥沙著；黄君艳译 . —北京：北京科学技术出版社，2021.3

ISBN 978-7-5714-1307-1

Ⅰ . ①理… Ⅱ . ①伊… ②黄… Ⅲ . ①家庭教育 Ⅳ . ① G78

中国版本图书馆 CIP 数据核字（2021）第 004414 号

| | | |
|---|---|---|
| 策划编辑：李心悦 | 电　　话： | 0086-10-66135495（总编室） |
| 责任编辑：代　艳 | | 0086-10-66113227（发行部） |
| 责任校对：贾　蓉 | 网　　址： | www.bkydw.cn |
| 图文制作：天露霖 | 印　　刷： | 三河市国新印装有限公司 |
| 责任印制：李　茗 | 开　　本： | 720mm×1000mm　1/16 |
| 出 版 人：曾庆宇 | 字　　数： | 200千字 |
| 出版发行：北京科学技术出版社 | 印　　张： | 17 |
| 社　　址：北京西直门南大街16号 | 版　　次： | 2021年3月第1版 |
| 邮政编码：100035 | 印　　次： | 2021年3月第1次印刷 |
| ISBN 978-7-5714-1307-1 | | |

定　　价：58.00元

**感谢我的父亲：**

　　不管是以前还是现在，他一直坚决反对采取"教育"的方式对待孩子，而更愿意尽量"陪伴"孩子，因为他儿时受到的粗暴严厉的对待让他至今记忆犹新。虽然他没有每时每刻都陪伴在孩子身边，但他所做的一切都是为孩子着想。他爱我，尊重我，把我当作一个独立的个体，他给了我他自己都没有得到过的东西。

**感谢玛戈和阿德里安：**

　　是你们让我摇身一变成了妈妈。

**感谢助产士苏鸥斯·泊姆、产科医生乐普尔·碧兹奥和高琳娜·德雷希尔·扎尼格：**

　　是你们陪伴我度过了我人生中最艰难的时刻。

**感谢国际母乳协会及其会长克洛德·迪迪埃让·菊沃：**

　　是你们在我哺乳期间为我提供帮助，把我领进了一个奇妙无比的甜蜜世界。

感谢为这本书提供帮助的人，感谢让我迸发灵感、向我提问并促使我思考的人，感谢向我讲述自己生活点滴的父母们，感谢向我坦诚说出自己故事的孩子们。书中的事例都来源于我的工作、我自己和我的朋友们的家庭生活。

感谢玛丽安娜·勒孔特，是她给予我信心，发掘出使我能够成为作家的潜质，而这也是她未曾预料到的。

感谢帕特里斯勒彭，是他支持我、信任我并以高标准要求我。

感谢让·贝尔纳、玛戈和阿德里安，感谢他们给我的爱。

# 目 录

绪 言 / 1

**第一章 我们能帮助孩子提高情商吗？ / 7**

1 成熟的心智 / 8

2 相信自己 / 10

**第二章 七个几乎可以涵盖所有困境的问题 / 15**

1 他有过什么经历？ / 17

2 他想表达的到底是什么？ / 23

3 我想向他传达什么信息？ / 27

4 我为什么要对孩子说这些话？ / 32

5 我的需求和孩子的需求有冲突吗？ / 36

6 对我来说，什么才是最珍贵的？ / 44

7 我的目标是什么？ / 48

8 七个需要牢记的问题 / 53

**第三章 生命是动态的 / 55**

1 我是谁？一个情绪的载体 / 57

2 "应该对孩子百依百顺吗？" / 61

3 错位传达的信息 / 67

4 克制情绪的行为 / 75

5 不要打压，要接受 / 87

6 "他总是哭哭啼啼，我烦透了！" / 95

**第四章 恐惧 / 103**

1 我们应该理解孩子的恐惧吗？ / 105

2 最常见的几种恐惧 / 109

3　超越恐惧 / 125

4　合理利用胆怯的心理 / 132

5　孩子胆小吗？ / 134

## 第五章　愤怒 / 141

1　愤怒是一种健康的生理反应 / 142

2　解密孩子的需求 / 149

3　愤怒是一种需要陪伴的生理反应 / 152

4　当父母愤怒时 / 157

5　当你想打人时 / 164

6　孩子易怒吗？ / 166

## 第六章　快乐 / 171

1　我们可以学着幸福地生活吗？ / 172

2　爱 / 177

3　游戏、喊叫和欢笑 / 179

4　陪着孩子一起快乐 / 182

## 第七章　悲伤 / 185

1　孩子的眼泪让我们心烦意乱 / 186

2　悲伤是一个修复的过程 / 194

3　在孩子悲伤时陪伴着他 / 197

## 第八章　消沉 / 199

1　如何分辨消沉？ / 200

2　消沉会让孩子成绩差吗？ / 204

3　孩子很消沉吗？ / 206

## 第九章　生活不是一条平静的河流 / 211

1　经受考验时，是否要让孩子穿上"盔甲"？ / 212

2　分离 / 216

3　一个新生命的到来 / 228

4　父母之间的纠纷 / 231

5　父母离婚了 / 233

6　意外、疾病和疼痛 / 241

**第十章　几点建议，让你和孩子生活得更幸福 / 243**

　　1　保持乐观的心态 / 244

　　2　倾听 / 249

　　3　用身体、心灵、大脑和孩子交流 / 254

　　4　体验身为父母的快乐 / 257

**结语 / 258**

**参考书目 / 259**

**附录 / 261**

你说，

总是和孩子在一起很累。

你说得对。

你还说，

那是因为你得和孩子站在同一高度，

放低自己、俯下身来、跪在地上、让自己变小。

这么说，你就错了。

这并不是最累的。

最累的是，你必须在情感上达到孩子的高度，

你必须拉扯自己、伸展自己、踮着脚站立，

这样才不会伤害他们。

——雅努什·科扎克

# 绪 言

　　成熟的心智，是一种懂得爱他人、理解他人，知道如何表达自己的意愿，能够适应各种环境，能够调整情绪积极应对各种境遇的能力。例如，在与他人发生冲突、遭遇失败、与亲人分离、亲人离世或者接受考验时，当然，也包括面对成功、重逢以及各种程度的胜利时，能够应对自如。简而言之，这是一种不任由自己被坏情绪所控制、能够感知幸福的能力，是一种能够自主选择生活、与他人建立和谐关系的能力。作为父母，谁不希望自己的孩子拥有这种能力呢？

　　那么，是什么制约了我们的生命，让我们无法幸福呢？是什么让我们的内心变得不堪一击呢？是我们记忆中儿时的痛苦（往往是无意识的）以及由此衍生的恐惧，如害怕被批评、被伤害、被侮辱或者被忽视；害怕失败——因为失败让我们对自己的行为能力产生质疑；害怕被拒绝——因为遭到拒绝意味着在别人心中没有属于自己的位置；还有，对他人的恐惧、对死亡的恐惧……

　　正是恐惧、痛苦和被抑制的愤怒，而不是身体上的缺陷，导致一个人无法呈现真实的自我，无法与他人维持正常的关系——因为恐惧或痛苦控制了他。这与大脑机能是否健全没有任何关系。如果我们不伤害孩子，而让孩子满怀信心，就可以达到帮助孩子的目的。

　　**当今社会与往日不再一样，往日的教育信条已无法适应现在的形势。**

　　无论在当今社会，还是在将来，只有自信、自立、能自如地处理人际关系的人才能走向成功。与他人沟通和控制情绪的能力在重要性上丝毫不亚于个人的专业技术能力。若要在个人生活和职场中获得成功，拥有成熟的心智非常关键和重要。因此，**仅仅提高孩子的智商还远远不够，我们还应该注重他们的情商。**别忘了，许多智力问题和学习问题都是由情绪压抑造成的。

　　**没有父母愿意看到孩子整日坐在电视机前一动不动或和游戏机形影不离。**如何帮助我们的孩子抵挡电视的诱惑，抵挡游戏机、录像、电脑给他们带来的负面影响呢？如何帮助他们免受电子游戏、光盘、广告、电影和热播电视节目（甚至某些动画片中出现的暴力画面）的误导呢？

**当孩子沉溺于暴力、酒精或毒品时，任何父母都无法泰然处之。**当暴力出现在学校，当酗酒或吸毒的情况出现在越来越小的孩子身上时，如何让孩子拥有足够的自控力去抵制这些诱惑呢？

**任何父母都不希望自己的孩子成为离经叛道的人，也不希望他们毫无主见、盲目从众。**那么，如何让孩子拥有足够的自信、安全感和自控力，在面对诱惑时不为所动呢？

行为粗暴、依赖他人、迷恋电视、嗜赌成瘾或滥用药物，这些其实都是无法控制自己情绪的表现。**这些行为的根源可以追溯到这些人的童年时期，反映了他们的某种缺失、受到的某种伤害以及在人际交往中遭遇的失败。**

胆怯、自卑或自卑的对立面——自大——都有其根源：或许是因为感情受到了伤害，或许是因为愿望没有实现，或许是因为行为被误解……这些痛苦的经历在父母与孩子的沟通过程中并不少见。

孩子是一个独立的个体，而情绪是独立个体的关键部分，是对自我存在的表达。懂得倾听并尊重他人的情绪，便是懂得倾听并尊重一个人。在孩子复杂多变的情绪面前，父母总是一筹莫展。他们竭尽全力让孩子安静下来，不让他叫喊、流泪，不让他有躁动不安的表现。**然而，情绪有特定的内涵，它表达了某种愿望，能起到治愈的作用。**宣泄情绪，能够帮助我们从痛苦经历导致的负面影响中脱离出来。相反，正如我在《青年情商养护基本方案》[1]一书中提到的，压抑情绪是有害的，会让我们启动自己的心理防御机制，让我们反复体验苦痛并让我们的身体出现一些病征。

为了孩子的幸福，我们要学会积极地对情绪进行辨识、归类、理解、疏导和利用——这一点刻不容缓，否则我们就会沦为情绪的奴隶。

现在大家都知道，人的情商形成于 6 岁之前。那么，究竟什么该做，什么不该做？父母们（应该说"有责任心的"父母们）会提出很多问题。

女性一旦怀孕，各种各样的建议便会蜂拥而至，如怎么给孩子喂奶，怎

---

1. 菲丽奥莎. 青年情商养护基本方案 [M]. 关虹，罗治荣，李宣，等译. 湖南：湖南文艺出版社，2002.

么哄孩子睡觉以及如何"让孩子适应环境"等。对于这些问题，大家都各执己见。等孩子再大一些，父母又会听到关于如何树立权威、是否要打屁股或惩罚孩子等方面的建议——"尤其不能让孩子和你们睡在一张床上""得和他们划清界限""孩子得多睡觉""男孩子可不能玩毛绒娃娃""孩子摔倒时别去安慰他，否则长大后他会变成眼泪汪汪的可怜虫""如果孩子想做什么就让他做什么，那你们可能会养出个小罪犯""得这么做，不能那么做"……而这些，仅仅只是"我们应该怎么做"这张冗长清单的开头。所有父母都会被铺天盖地的、非常具有指向性的建议和一些所谓的关于如何"教育"孩子的沉重问题所淹没。

积极的建议各式各样，消极的建议也层出不穷，父母们被各种建议包围了、吞没了。尽管建议的数量众多，其中所含的有效信息却相当有限。因为，如果每个人都各执己见并对自己的观点深信不疑，那就没有客观的信息。过去的很多教育观点如今都遭到了猛烈的甚至是过激的批判，尤其是当某些观点并非建立在理性思考和谨慎研究的基础之上时，这类批判就更加不留情面。

父母们为了从众多不同的理念中挑选出适合自己的理念而忧虑重重，很快便晕头转向、不知所措。有些人的观点往往暗含着某种威胁或指责的意味，如"正是因为你们没有意识到这一点，他们才会吸毒"；有些人的观点会让你产生负罪感，如"这要看母亲是什么样的人"或者"那是因为父母离婚了"等。

所以，我不会向父母们推荐任何提供建议的书。父母和孩子朝夕相处，比任何"专家"都更了解自己的孩子——不管这位专家是名声在外的儿科医生还是精神分析师。而我们无法建立一段和谐的关系，无法得到一种真正的理解，往往是因某些障碍和误解而导致的。如果说某位"专家"能帮助你们，那他就要为你们扫除这些障碍和误解。

我撰写本书的目的就是点亮一盏灯，让父母们找到一条更适合自己的育儿之路，能够解开一些症结，越过一些障碍。**作为年轻的母亲和年轻的父亲，你们需要更明确的方向，而不是建议。你们需要学着让自己树立信心，也要尽可能地对孩子有信心。**

本书有两个主导思想：

1. 只要我们稍微懂得倾听孩子的心声并理解他的语言，**他就会在他发展的每个阶段把他的任何需要都告诉我们。**

**2. 父母有能力理解自己的孩子**，也可以采取正确的态度回应孩子——只要父母不机械地遵从教育原则，不盲目地听从专家的评判，不把自己局限在自己曾经接受过的严格的教育框架中，不让自己一直深陷过往所受的伤害中而无法自拔。

我们在谈论孩子的教育时，能够闭口不谈自己曾经受过的教育吗？我们受过的教育对我们的影响——无论是有意识的还是无意识的——到底有多大？当孩子的状态和态度让我们火冒三丈，甚至让我们想动手时，很显然，我们需要从自身的经历中抽离出来，了解眼前的事实和形势，不把自己的过去投射到孩子身上，而要采取更正确、更有效的行为和方式来对待孩子。如果我们和孩子的关系非常紧张，我们很可能是受到了我们自己的情绪和经历的干扰，而一种非常有效的解决方式就是寻求心理医生的帮助。

**我们能否帮助孩子提高情商？怎样才能坚信自己拥有做父母的能力？** 本书第一章将主要探讨这两个问题。

谈到教育，并没有放之四海而皆准的真理。父母想了解一些孩子的发展规律，毫无疑问，这是非常有益的，但没有什么规律"**应该**"去了解，没有任何方法一定能把孩子塑造成未来的"成功"人士。所谓的方法，也许此时有用，过段时间就不再有效了。**与其寻找现成的答案，采用"万无一失"的秘方，倒不如由我们自己——也为我们自己——来思考和决策。** 在第二章中，我将向读者提出7个问题，请读者根据自身情况作答。

建立自我认同感的前提是：意识到自我，感知到自己的情绪。我们将在第三章中共同探索情绪的世界：情绪是什么？它有什么作用？如何应对不同的情绪？我们是应该鼓励孩子为了做一个"强者"而压抑自己的情绪，还是在他们害怕、哭泣或发怒时给予关注？如何帮助孩子变得既勇敢又机敏？

在后面4章中，我们将逐一分析恐惧、愤怒、快乐和悲伤这几种情绪。

如果孩子的情绪没有得到关注，他可能会将自己的内心封闭起来，变得郁郁寡欢。我们将在第八章中解开这些症状的症结。

孩子一生中可能会经历一些悲惨的事情和痛苦的考验。在第九章中，我们将谈谈如何帮助孩子坦然面对亲人离世或者暂时离开，帮助他安然通过这些考验。

在本书的最后一章，即第十章中，我们将提出一些建议，希望能为父母和孩子在一起的美好时光增添更多的欢笑与快乐。

在开始探索情绪世界之前，我想最后提醒一次：我们的孩子其实并不期待我们完美无瑕，他只希望我们能够尊重他。人无完人，在成长的过程中，孩子犯错误是难免的。**不要只顾着强迫自己去做一个"好妈妈"或者"好爸爸"，你应该更多地关注孩子的需要。**

本书中的某些段落可能会让你感到震惊，某些论断可能会让你感觉不习惯，不过，请花点儿时间思考一下，听听来自你内心的共鸣。已经有很多家长出于对我的信任来听我的讲座和参加我的培训班，而我所讲述的一切没有任何特别之处，都是显而易见的事实，只是你可能没有从我采用的角度来考虑问题罢了。

当父母总是担心自己的行为会给孩子带来某种影响时，我往往会对他们说"你的顾虑太多了"。这些问题之所以会困扰父母，是因为它们的答案通常都被预先设定了，并且丝毫没有考虑到父母与孩子之间的亲情关系。谁能把任何事情都做得完美无瑕？向自己提问，这是人类的本性。

你是否觉得自己做什么都笨手笨脚的？你期盼自己能学会尊重孩子、尊重自己，学会倾听自己的内心感受、倾听孩子的感受吗？不要担心，这本书会帮助你。

让我们回忆一下过去吧！从前，我们可能会鞭打孩子，或者把他关进小黑屋，让他在里面待好几个小时，狠心得连眼睛都不眨一下。没有人认为威胁孩子、鞭打孩子、与孩子在感情上保持距离有任何不妥。大家认为，应该"驯服"这些小魔鬼，把孩子教育成讲礼貌、懂规矩的人。任何体罚孩子的行为都是被认同的。对此，孩子不能有任何异议，因为家长这么做是"为他好"。从前的两代人之间，孩子只有义务，权利则都被父母霸占了（婚姻权、出生权甚至死亡权）。我们现在做得比我们的上一代好，而我们的孩子会比我们更加优秀。这就是进化的意义。

你会因为自己对孩子态度不好而有罪恶感吗？想想你自己从何而来，想想你自己在童年时代所受的待遇！这样能帮助你进行比较。你的愧疚感对你的孩子没有任何好处。作为父母，更有意义的做法是让自己拥有一份责任感！当父母其实并不容易，尤其是从弗洛伊德的观点来看，身为父母，我们要直面自己的缺点和自己尚未愈合的伤口，我们的很多方面都难逃孩子的指责（因为他需要通过这种方式让自己成长，来感知他与我们的不同，来和我们顺利分离）。所以，要当好父母就更难了。

另外，当你倾向于把自己归为不称职的父母时，请想一想，你在履行父母的职责时获得了多少帮助和支持？你们家是不是至少有两个人在照顾这个哭泣的小天使？有没有足够多的人，比如祖父母、叔叔、姑姑、奶妈、保姆、钟点工、互惠学生[1]、教父教母或朋友来照顾和帮助你的孩子？照顾婴儿时需要日日夜夜守在他身旁，一个人是不可能应付得了的。如果没有人提供帮助，当所有的责任和压力都压在父母中的某一方身上时，特别是当这一方性格内向时，你却期待他／她能满足婴儿大量的需求，这肯定是不现实的。

因此，不要把标准定得太高，要宽容地对待自己，尤其要学会**表达你自己的情绪和需求**。

**倾听孩子的心声，允许他缓解自身的压力，为他提供宣泄情绪的空间，他必定能够冲破生活中的重重困难而获得成长。**

我希望你能在这本书中找到让家庭生活更幸福的动力和源泉——这也是促使我完成本书的动力和目标。

请开始你的阅读之旅吧！

---

1.互惠学生，指父母找来的年轻学生，在自己家免费吃住，但空闲时要帮助照顾孩子。——译者注

# 第一章

## 我们能帮助孩子提高情商吗？

当我怀第一个孩子时，我期望他不卑不亢、内心坚定、能与他人和睦相处、不自以为是；我期望他勇敢、有魄力、不自高自大或玩世不恭；我期望他无论是独处时还是与他人在一起时都能感到幸福；我期望他拥有成熟的心智。

◇ **1** ◇

# 成熟的心智

　　成熟的心智是一种能够解决生活中各种问题的能力。这些问题可能源于他人，可能源于突如其来的考验、始料不及的痛苦或疾病，也可能源于某人的离世。拥有成熟的心智，就是能够对日常生活中不断出现的各种情绪（如恐惧、愤怒或悲伤）进行恰如其分的掌控。

　　拥有成熟的心智，我们就敢于面对生活中的所有问题，能够在人生的道路上勇往直前，找到生命的意义，缓和与他人的紧张关系，在日常生活中的各种困难面前充满勇气和智慧；拥有成熟的心智，我们就能够坚持自己的计划，找到一条属于自己的路，实现自我价值。无论是面对日常生活中的点滴琐事，还是处于人生大波动时期，成熟的心智对我们来说都无比重要。

　　处理人际关系的能力和情商有十分密切的联系，但我会将它们分开探讨。关于如何培养与他人建立并保持关系、爱他人、团结他人、理解他人以及解决争端的能力，我将在另一本书中进行探讨。在本书中，我将主要探讨情商。

**尊重孩子的感受，就是给予孩子体验自我的机会，**让他感知此时此刻的自我。尊重孩子的感受，就是在处理事情时考虑孩子的想法，容许他表现出与我们不同的一面，并把他当作有思想的人而不是物体来看待。只有这样，他才有可能用自己极其独特的方式来回答"我是谁？"这个问题。尊重孩子的感受，就是帮助他意识到自我的存在，让他觉察到"昨天""今天"与"明天"之间的关联，让他意识到自己的才能，了解自己的缺点并感受到自己的力量，从而在前进的道路上——一条真正属于他自己的道路上——感知自我、完善自我。

孩子的主要学习对象是父母。父母对孩子的教育态度决定了孩子情商的发展状态。孩子以父母的形象来塑造自我，他的行为方式更多的是在效仿自己的父母，而不是单纯地遵从父母提出的建议。

相对于有意识的行为和说教，父母无意识的行为所传达的信息能够达到同样甚至更好的效果。

要帮助我们的孩子提高情商，就要同时提高我们自己的情商。帮助孩子成长，就是在帮助我们自己成长。我们的孩子就像镜子一样反射出真实的我们，让我们不得不去面对自己的一些缺点并学会如何去爱。只要我们懂得倾听孩子的感受，他就是我们最好的精神向导。

**拥有成熟的心智，我们就会懂得如何去爱，并在人生道路上的各种考验中更好地塑造自我。**

## 2

# 相信自己

我的女儿玛戈14个月左右时，每晚都要哭好几次。于是，疲惫不堪的我到一位儿科医生那里咨询儿童精神病学的相关专业知识。几分钟后，她就做出了让我备感唐突的诊断："你女儿晚上哭是因为她吃着母乳入睡。"在她看来，问题的根源就在于此。但对于我、我的女儿以及我的丈夫的其他情况，她完全没有问及。她认为夜间哺乳就是最根本的原因！她的推理无懈可击：我的女儿吃着母乳入睡，睡着后就会被我放回小床，当她醒来发现找不到妈妈的乳房时，就会大哭。

那位儿科医生的解决方案非常简单（不用多解释，大家就会明白），那就是夜间不再哺乳，因为玛戈应该"独自"入睡。毫无疑问她会大哭，那就让她哭。医生宽慰我说："三天，最多四天，她就不会哭了……"

对不起！玛戈，请你原谅我。我多么后悔当初听从了那位儿科医生的建议。正是因为听从了她的建议，我才任由你大哭。第一天晚上，你独自在你的小房间里哭了整整40分钟，最后你在爸爸的臂弯里睡着了。

第二天晚上，你每两个小时就醒一次，每次都大哭一场。哦，天哪，因为听从了那位儿科医生的建议，我感到无比愧疚。第三天情况依旧如此。四天后，为了得到夜晚这顿母乳，你仍然不停大哭。而且，不用说，你哭的次数比以前更多了。于是，我把专家的建议抛到脑后，选择听从你的呼唤。我要给你你想要的，满足你的需求，抚摸你，哺喂你，陪你入睡——我在大床旁边加了一张小床，让你吃着母乳甜蜜地进入梦乡。无比满足的你，睡得比以前好多了。

后来，我通过阅读大量书籍和寻求一位儿童精神病学专家的帮助终于弄明白：玛戈没有任何睡眠问题。睡觉的时候，她会突然翻动身体，但这时她根本没有醒，只是在尝试着寻找那个能让她感到安全的地方，那个属于她的位置，还有我的体味和乳房。当她感觉不到我在身边时，才会真正醒来并且哭泣。那位儿科医生的推断没有错，我的女儿是在找乳房，错的是她的解决方法。我要做的不过是把女儿放在一张靠近我的小床上，在她身边陪伴着她！

其实，很多父母都会让婴儿和自己一起睡，但他们不敢声张此事，甚至会产生一种罪恶感。他们的脑海里深深地烙印着这样一个观点：这样做不好。他们担心这样做会影响孩子的性别取向，会这样或那样地影响他的正常成长。

在世界上的大部分国家，"孩子应该独自入睡"这种说法并不存在。婴儿在哺乳期大都和自己的妈妈睡在一起，直到两岁甚至三岁。有些专家声称，床是夫妻亲密的场所。有点儿创意好不好？不是只有在床上才能做爱！

毫无疑问，和孩子睡在一张床上并不会导致父母疏远——一个睡在床上的婴儿可没有这样的能力！如果父母因为孩子的存在而变得疏远，责任肯定不在孩子。如果一位母亲以孩子睡在一旁为由拒绝做爱，那绝对是在找借口；就算孩子不在身旁，她也能找到其他理由。

以身旁的孩子为理由来冷落自己的伴侣，或者借孩子来解决夫妻间的情感问题，都是不理智的行为。这对孩子和伴侣都没有好处。

一个婴儿躺在父母的床上的确会占一些空间。为了让父母和孩子都睡得舒服，可以在父母的大床旁加一张小床，这样问题就解决了。

强迫一个婴儿在没有父母的呼吸声、没有妈妈的味道的地方睡觉，其实是以培养孩子的独立能力为由，对孩子施加的一种冷暴力。父母过早地让孩子一个人睡，并不能使他独立，反而会让他产生被遗弃的恐惧感和对亲人的依赖感。只有拥有足够的安全感，孩子才能走向独立。难道我们不该扪心自问，在当今社会，担心自己被遗弃而产生恐惧感的人还不够多吗？

有时候，儿科专家并不比妈妈更了解孩子的情况。专家学的是理论，但孩子不是一个抽象的物体，不能被理论化，因为他是真实存在的。如果理论真的能帮助父母，那也是因为父母能用它更好地理解孩子，而不是让孩子闭嘴或服从。

**如果某位医生、心理学家、资深专家或者你的婆婆因为孩子的事情责备你，你不必为此感到愧疚，而只需听取那些能够帮助你理解孩子的建议。**

如果说我要强调什么，那就是——母亲们都很脆弱，尤其是在面对她们的第一个孩子时。不过，随后出生的孩子也不会让她们觉得轻松，因为任何孩子都不是另一个孩子的复制品。大多数母亲都尽可能地对孩子好，因为她们认为既然是自己把这个小生命带到世界上，就对他有着不可推卸的责任。面对新生儿带来的一个又一个问题，她们很容易手忙脚乱。她们面对的是一份新责任、一项新事业，但她们之前接受的教育并没有为她们提供任何与之相关的有用信息。所以，她们轻而易举地成为各种爱教训他人的人眼中的"猎物"。教育是个非常敏感的话题，人们总是喜欢凭自己的想法去教育别人，所以有关教育问题的各种论战随时都会爆发并愈演愈烈，不同家庭也会因为教育观念不同而各执己见、争论不休甚至拉帮结派。

重要的一点在于，我们不仅要考虑到母亲比较脆弱的特性，也要考虑到有关教育问题的辩论数不胜数。所以，我们要在孩子出生前就把母亲们引领到对她们有积极影响的人身边，让她们与愿意倾听、乐于助人的人相处，因为只有这样的人才能给她们提供更实际的帮助，而这样做比围绕一些对抽象的理论高谈阔论的人要有用得多。

当一个人因为屈服于其他人的某个观点而做某件事时，他就很可能犯错误。试着学学加拿大人扪心自问的方式吧——**我这样做可行还是不可行？**如果可行，那就做；如果不可行，那就别做！

**相信自己，听听自己内心的声音**，并且相信自己的孩子，尝试着从他的喊叫声中听出他真正想说什么，从他的行为、态度甚至他制造的麻烦中判断出他真正想要什么。孩子不知道如何通过语言来表达的一切会通过以上方式表达出来。不用紧张，这也是一种语言，一种说给你——孩子的母亲或父亲——听的语言。你应该学会如何与孩子交流。

的确，孩子的语言并不那么容易理解。如果孩子的哭泣和其他情绪的背后隐藏着某种真切的悲伤，那么理解起来就更困难了。这种悲伤可能源自孩子自身的经历，也可能源自长辈们表露的情感。事实上，孩子就像一面镜子，往往可以反射出父母（或祖辈）无意识的思想行为。要想更好地理解他，就很有必要求助于心理医生。心理医生的任务就是让你的内在力量运转起来，为你指出前行的道路，找到问题的根源，帮助你把自己的经历清清楚楚地表述出来，解开你与亲人的情感症结，这对你自己或孩子无意识的思想行为都有积极的影响。他会倾听你的一切，为你照亮前行的道路，可最终找到问题答案的人还是你自己。

寻求调解者而非提议者的帮助吧。不要理会那些贸然提出的建议和晦涩难懂的理论，因为别人确信无疑的东西，对你却不一定有帮助。**你只有通过与孩子的交流和沟通，通过自己的摸索和实践，才能找到适合自己的解决方案。**每段亲子关系都是一次独一无二的创新！

# 第二章

## 七个几乎可以涵盖所有困境的问题

一位记者曾问著名教育专家弗朗索瓦兹·多尔多[1]："您在教育自己孩子的过程中也遇到过困难吗？"

"当然，每个孩子要想理解身边发生的一切都很困难，因为孩子诠释世界的方式非常奇特。在（我的孩子们）5岁之前，我每天的必修课就是努力地理解孩子们的脑子里究竟在想些什么。"[2]

这位伟大女性的回答真让我们无地自容！她曾经倾听、引导并帮助过成千上万的孩子和他们的父母。她有着非凡的直觉和智

---

1. Françoise Dolto（1908~1988），法国著名儿科医生、儿童精神分析学家，著有多本关于儿童心理分析的著作。——编者注

2. Dolto Françoise. Les Chemins de l'éducation. Paris: Gallimard, 1994: 26.

慧，对人类的身体机能了解透彻，但在面对自己的孩子时，她的问题远远多于答案。每个孩子都是独一无二的个体，都在用自己独特的方式向我们提问。根据既定的教育原则来施行已成体系的解决方案，这其实是在否认个体的主体性。在孩子面前向自己提出问题就是表明自己有和孩子交流的意愿。

不过，这些问题究竟是什么呢？

# 1

# 他有过什么经历？

**一个孩子就是一个人。**他有自己的思想、自己的情绪、自己的幻想和自己的精神追求。

父母面对一个孩子——一个犹如花瓣般柔弱敏感的孩子——和他那无穷无尽的情感需求时，有可能黔驴技穷。父母似乎还没对他怎么样（在成年人看来），他就可能瞬间脸色由晴转阴，甚至大哭起来。哪怕是最不起眼的小打击都可能惹得他愤怒无比。

孩子的大脑还处于逐渐成熟的过程中，他还未拥有强有力的精神武器来控制自己。因为太小，他并不知道怎样假设还没有发生的事情；不懂得如何进行逻辑推理；不知道怎样从自己的想法中抽离，与其保持一定的距离或将其投射到未来。他会停留在当时的境况中，按照自己的逻辑思考问题，以自我为中心，一意孤行。孩子的这种思维方式被称为"前逻辑思维"[1]。

---

1. 前逻辑思维是指人类在获得逻辑思维和概念思维之前，未受到文化浸染的一种思维方式，法国人类学家布雷有相关论述。——编者注

**孩子不懂得对事情进行全盘的综合考虑，也不知道要将事情按照重要性进行排序。他不会深思熟虑，一旦有了情绪反应，就会立即受情绪控制而无法逃脱。**他很容易受到情感问题的干扰，所以需要我们成年人来帮助他找到出路。

　　从另一方面来说，孩子倾向于赋予自己所经历的一切一定的意义，这是天性使然。他会利用身边一切可用的资源来达到自己的目的。此外，**他会用自己的方式来整合和诠释自己所感知的一切**，其依据就是自己拥有的那一点点信息，而这些信息往往是残缺不全甚至是扭曲变形的。因此在父母看来，孩子的情绪实在让人难以理解。

　　阿诺喜欢攻击他人，而且总是为了一点儿"芝麻小事"大发脾气。他的父母已经离异。他在心里对自己说："爸爸走了，也就是说，他不爱我，因为我是坏孩子。"

　　贝内迪克特不爱去上课，不和其他孩子一起玩耍。对她来说，想要找到一个属于自己的位置很困难，无论在哪里她都会觉得自己是多余的。她对自己说："爸爸妈妈因为我才发脾气。如果没有我，他们就不会吵架了。这都是我的错。"

　　卡米耶也有类似的想法："我的爸爸妈妈是因为我而分开的。我出生之前，他们深爱着对方。我要是死了就好了。"结果他患上了非常严重的急性白血病。这样一来，他的父母就一起围在他的床头，齐心协力来照顾他了！

　　德尼很怕陌生人。他的父母从来不邀请其他人到家中做客，也很少拜访别人，总是待在家里，谈论的话题也都是家里的事情。耳濡目染之下，德尼得出了这样一个结论："外面的世界很危险，外面那些人都是坏人。"

从孩子的这些想法便可以看出孩子对自己、对父母、对生活是否信任。而这种信任，对孩子的行为往往具有一定的导向作用。孩子看到的、听到的和感受到的会在他的头脑中打出各种如神谕般神圣的结。这些结或多或少会让他受到伤害，甚至会让他在某一特定领域停滞不前。

**孩子通过自己的眼睛来观察世界。我们要小心谨慎，不要对他的举动妄下结论。首先，我们需要倾听他的心声。我们要努力弄清楚他经历了什么，他如何建立物体之间的联系，我们要明白他的感受，了解他心里在想些什么。**

孩子害怕蜗牛？蜗牛在他心里是否代表着其他什么东西？

我的一位客户索菲在一次培训课程中学会了倾听孩子心声的方法，后来向我转述了她和小儿子艾蒂安的一次交流。艾蒂安手中的气球爆炸了，于是他大哭起来。索菲根据自己所学的方法，没有立刻安慰他，说诸如"这没什么大不了的，我再给你买一个"之类的话，而是弯下腰来问他："你觉得，这个气球是什么？"

艾蒂安万分惊讶，抬头望着索菲，哭着说出了心里话："都没有了！爷爷上个星期去世了。"

我们成年人会认为，破了一个气球不至于这么伤心！我们会尽力淡化事情的严重性，对它轻描淡写，就像我们常常做的那样，根本不做更多思考。索菲差点儿与如此巨大的悲痛擦肩而过。但是，因为她选择了倾听，艾蒂安的悲伤便得以诉说并被人倾听。

当然，并不是所有孩子在气球爆炸后哭泣的原因都是不久前爷爷去世了。我们应该懂得如何去探求深层次的原因。父母看到的只是一个气球，想到的只是这个气球并不值几个钱。可是，孩子手中的气球突然爆炸了，剩下的只有手里捏着的一小块橡胶皮！这种变化足以让孩子目瞪口呆！这种变化还会让孩子认为是自己用力过猛造成的，并且可能让他产生一种罪恶感，尤其当父母还加上"你看看，我不是跟你说过要小心嘛！"之类的话时。

我们虽然无法猜出孩子的脑子里究竟在想些什么，但可以做到不忽视孩子的感受。要知道，我们错过的任何一个我们觉得无关紧要的细节，在孩子的眼里都可能重要无比。

那么，如何倾听孩子的需要并帮助他解开感情的症结呢？

**要让他有机会表达自己的情绪，**有机会通过哭泣、喊叫、颤抖的方式来发泄内心的情感，而不是想着让他安静下来。**哭泣、喊叫、颤抖都是表达痛苦、缓解压力和重新获得内在力量的方式。**要对孩子的能力有信心，他知道这样做对自己有好处。如果孩子哭泣时你与他在一起，静静地倾听和陪伴，那么在情绪得到宣泄之后，他就会马上变得放松和自信，感到无比自在。

一个新生儿哭泣是因为他有需要，有话要说。所以，你首先要确认他的需求是否得到了满足。如果他啼哭不止，那他所需要的就只是你的倾听：他是在向你倾诉他的紧张。他想说的或许只是"我在出生的时候是多么害怕；我喝奶时你不在身边，我是多么生气"，或许是"爸爸不接纳我，我是多么伤心"，又或许是"爷爷去世，我察觉到了家里弥漫的那种难以言喻的悲伤气氛"。他能体会到很多情感，而为了把某些不良情绪排出体外，他需要放声大哭。

当孩子再大一些，学会说话后，我们首先要倾听他的感受，并且**慎重对待这些情绪。**不要问他"为什么"哭泣，因为他可能会给你一个在你看来合情合理的答案，而这个答案往往和他遇到的真实困难相去甚远。你要做的应该是陪着他表达自己的情绪，问他"发生什么事了"或者"什么事让你这么伤心"。你甚至可以问："你在害怕什么呢？"

　　孩子的思维方式对成年人来说可能缺乏逻辑性，事实上，他的思维属于前逻辑思维，但他对自己的想法深信不疑。我们只有陪着他进行深入、全面的思考，才能真正帮助他，为他提供他所缺乏的信息，用一种与他不一样的视角将他的处境解释清楚。

　　朱丽叶在幼儿园与班上的其他同学格格不入，同学们都不喜欢她，甚至经常取笑她。到底发生了什么事情，让同学们对她如此无礼、如此不满？尽管想尽了一切办法，她始终无法让同学们友好地对待自己。一种行为就是一种症状，必定有其缘由。我们就来探寻一下吧。

　　老师开始注意班上孩子们的言行，结果经常听到孩子们这样侮辱朱丽叶："你连爸爸都没有！"

　　这样的话对朱丽叶来说实在是太残忍了，因为她爸爸去世才半年！这时，老师想到了朱丽叶第一天上学做自我介绍时的情景。这个小女孩开门见山地向其他同学这么介绍自己："我叫朱丽叶，我爸爸死了。"

　　"不会吧！"马蒂厄立刻对她的自我介绍做出这样的回应。

　　对马蒂厄以及其他孩子来说，爸爸是不会死的。想想看，如果他们相信这是真的，那就意味着他们的爸爸也可能会死。这简直难以想象！那么，这个肆无忌惮地说出这么恐怖的事情的女孩，她是从哪里来的？这个告诉他们这种荒唐事的坏女孩到底是谁？他们要惩罚她、教训她，甚至要摧毁她。

　　老师鼓励孩子们说出自己的想法，于是发现孩子们的想法错综复杂。最后，老师向孩子们澄清了几点相关情况：朱丽叶的爸爸去世的真正原因是什么，他身患什么疾病，什么是传染病等等。这些孩子需要得到确切的答案，那就是和朱丽叶一起玩并不会让自己的爸爸也患病死去，爸爸去世这种事并不会传染！这就是他们惴惴不安并极力排挤朱丽叶的真正原因。

在孩子形形色色的情绪表现面前，你感到惊讶并无力应对吗？你不明白到底是什么让他有这些表现吗？你不知道如何帮助他顺利通过生活的考验吗？请倾听他的心声，站在他的角度去思考，用他的眼睛去观察，用他的耳朵去聆听，并对自己提出这个问题：

*他有过什么经历？*

# 2

# 他想表达的到底是什么？

弗雷德里克遭到男老师长达4个月的性侵犯后，他的老师才因为性侵犯未成年人被监禁。他的妈妈很惊讶，因为他对此只字未提。可是，在心理分析师的引导下，她才回忆起来："嗯，是真的，他说过'我肚子疼，我不想去学校'，当时我觉得他纯属无理取闹，因为不想去上学就装病。而且他的老师又是个那么好的人。"

哦，是的，那些恋童癖们往往看起来都很友善！弗雷德里克没法告诉妈妈，因为妈妈根本不听他说的。他拒绝上学，妈妈不放在心上，还说他在演戏，甚至还说老师很好，这让他产生了内疚感！他的妈妈没有仔细探究他不愿意上学的真正原因，也没有理会孩子的真正需求。

**在那些父母称为"无理取闹"的行为背后，在孩子奇怪的、不得体的、极端的或者仅仅是与平常不一样的行为背后，隐藏着我们应该仔细观察的情绪。我们要设法发现他的需求，因为他一定在传达着某种信息。**

如果孩子不愿意去上学，一定有原因。也许他的老师并不是个恋童癖，但也许是因为他的某位同学不理他了，也许是因为他担心高年级

23

的一个男生会在课间休息的时候来找他，也许是因为他害怕老师要他交作业，也许是因为他不想穿着那条滑稽的运动短裤出现在同学们面前，也许是因为他听不懂老师讲课，或者很简单，他厌烦上学了……他需要你，需要你的倾听，需要你关注他的情感，也许他还需要你的保护，或者需要你帮助他解决某个问题。

**任何看似夸张的行为（尤其是当它经常发生时）都可能具有攻击性或者极端消极，也可能表现为对母亲非常依恋、过度地嫉妒别人、无法集中注意力或者经常与父母对着干……所有这些都是有原因的——要么是因为孩子的某种情绪没有得到释放，要么是因为孩子的某种需求被掩盖了。**

我再强调一遍，不要问一个孩子做这样或那样的事情到底是"为什么"，因为他往往不知道原因，他的某些行为的深层动机极有可能是无意识的。如果你非要问他为什么，那么他可能会认为自己必须为此找到一个答案，于是给你一个看似无懈可击的答案。他很可能会找到一个答案，但这个答案在大多数情况下都是不真实的。

婴儿不会用语言来表达自己，他使用的第一种语言就是喊叫。慢慢地，他会学着说话，但是**对不知道如何用语言来表达的事情，他还是会通过喊叫、发怒、大哭以及让人受不了或拒绝合作的行为来表达。**要组织好合适的语言来表达发生在自己身上的事情对孩子来说并不那么容易，因为他不一定明白到底发生了什么。他可能认为不可以说出这件事情，担心父母可能会有的反应，害怕父母生气，担心给父母带来麻烦。

父母随随便便地把孩子的哭喊定义为"无理取闹"或"演戏"，那是因为他们不懂得解读孩子哭喊的行为。如果一个孩子的心声没有人倾听，如果他的需求被父母贬得一文不值，后果将非常可怕。没有什么

"无理取闹"，哭喊是一种语言，是一条信息，等待着父母去解读。

的确，要理解一个思维方式和我们不一样的孩子，和他进行沟通，并不总是那么容易。但在我看来，我们自己曾经也都是孩子，稍微努力一下，我们应该可以回想起自己儿时的感受以及我们当时表达感受的方式。

不听孩子的喊叫，不理会孩子的不合作行为，不把它们当作一种语言来认真对待，不努力理解它们的含义，拒绝理解它们或者不把它们当回事儿，认为"他总是在这个时候哭闹""他就是这样，真不懂事"等等，这些处理方式都会让孩子关上自己的心扉。他在提出要求、寻求帮助以及表达自己的需求，如果没有被人理解，他就会借助一些病态的表象来让自己的需求得到重视。

反复发作的耳炎、湿疹、过敏、不肯吃饭、尿床等症状以及之后出现的学习障碍和攻击他人的行为，都在传达一些信息。孩子随时准备牺牲自己发育的最佳时机，牺牲自己的身体健康和心理健康，以获得最终的理解。

这么说，并不意味着孩子的所有行为都隐含着某种特定的意义。不要紧张，不用事事都去解读，也不要每时每刻都去探寻孩子每种行为背后所隐含的意义。要小心过犹不及。

怎样才能透过孩子的态度、疾病、突发状况以及学习障碍等领悟到他到底要说什么呢？——请认真倾听。

如果孩子的某种行为反复出现或者经过治疗后某种症状或行为仍然持续，那你应该可以确定，这其中一定有什么信息是你没有捕捉到的。

不要因为没有理解孩子传达的信息而让自己产生挫败感。只要问题没有解决，它就会不断重复，而且问题的紧张程度不同，出现的形式也多种多样。直至找到一种有效的解决方案，问题才会消失。

　　假如孩子的某种行为让你感到惊讶、焦虑不安、心生疑问，假如孩子的情绪在你看来不合常理，假如孩子总是与你作对或者总有这样那样的症状，在这些行为或症状真正变得令你惊慌失措之前，请你问自己这个问题：

　　　　*他想表达的到底是什么？*

# 3

# 我想向他传达什么信息？

要当心，不要把任何行为都当作孩子潜意识里要传达的信息！在墙上写字，在你的日程安排表上涂颜色，为了做一件婚纱而把窗帘剪成很多条，或者在卧室的新地毯上画一个足球场，这些不一定都有特定的含义，因为它们都是非常原始和自然的探索行为。有时孩子会毁坏家里的地面和父母的财物，但这不一定是他的本意。这与孩子的年龄有关。

你3岁的女儿有没有拿剪刀剪断你的项链？你8岁的女儿也这样做过吗？很显然，这两件事的意义是不一样的。3岁的孩子想试试新剪刀能剪什么东西，她还没有真正意识到这样的行为一旦发生便不可逆转，而且她觉得这样做没关系，反正"爸爸能修好"。而8岁的孩子这样做就很可能是一种惩罚性的行为。她可能是在表达自己的愤怒，这种愤怒可能指向你、你的伴侣、她的兄弟姐妹或者老师。不过，如果她剪坏了窗帘却裁出了一条长裙，那你可千万不要扼杀她那将要迸发出来的天赋！她很可能是未来的时装大师！日本有位亿万富翁，她的高尔夫球是专门定制的，球的颜色是她喜欢的玫瑰色，她所有的车和她身边的所有物品都被涂成了玫瑰色。而最初开启她的时装生涯的事情就是：用家里的窗帘布为自己缝制了第一条裙子！

尤里斯在一张全新的、十分漂亮的绿色地毯上画了一个足球场，而且画得非常逼真！当时他并不知道不能这么做，因为那张地毯在他自己的卧室里。他的妈妈懂得适时地肯定他的天赋并赞美他的创造力，他的爸爸却朝他怒吼，并且要求他立刻把所有痕迹都清理干净。实际上，如果这位爸爸想买一张印着足球场的地毯，可能要花一大笔钱，可他无法忍受在地毯上画足球场图案的是他自己的儿子！对他来说，儿子的行为毁了地毯。他甚至一刻都没有想过这么做客观上会产生什么样的效果。

**我们面对孩子作品的反应会影响孩子的自信心。你想向他传达什么信息呢？**

"你很有创造力！你的想法非常奇特！我得帮你找一块合适的材料让你自由发挥才好。"

还是说：

"你疯了！你没脑子吗？弄得到处都乱七八糟的！"

得到第一种回应的孩子会对自己的能力充满信心，会继续寻找载体来展示自己的创造力。而得到第二种回应的孩子，要么在自我贬低的过程中变得一蹶不振，要么继续做一个疯子、一个没脑子的孩子，并且会产生报复的念头，而且报复的对象或许不只是地毯，所以你得当心储藏柜里那些珍贵的古玩和易碎的纪念品！

你希望通过你的屡次教导让孩子懂得爱惜物品？那你首先要尊重他表达自我的需要。

当我在书房墙壁上看到画笔留下的痕迹时，我本能地感到很生气，然后再次重申了不允许孩子们做的事情："可以画画的地方是画纸，而不是墙壁！"可是孩子们的涂鸦行为还在继续。后来，我为他们提供了一块墙壁，让每个孩子为上面的一幅简笔画填色。他们都全神贯注地在各自30厘米宽的墙壁上自由发挥。渐渐地，这个角落变得色彩斑斓，而家中其他地方再也没有出现杂乱无序的涂鸦了。

对我来说，禁止他们在墙壁上画画非常困难。我的妹妹是一位画家，她就在楼梯旁边的墙壁上完成了一些华丽宏大的画作。为什么她有权利绘画，而孩子们就不可以呢？对他们来说，这太不公平了。给他们一块属于他们的小天地，会让他们感到自己备受重视并获得满足感，他们也就不需要在墙壁上乱画了。

我们每次回应孩子时都需要考虑一下：是说"我爱你""你真棒"来传递爱意，还是说"你真笨""你真是没用"而让孩子产生挫败感呢？

## 统一战线？

孩子有母亲和父亲，所以从理论上来说，他有两次接受正面信息的机会。唉！可惜的是，父母往往决定达成一致意见，一条心对孩子进行最残酷的镇压。很多父母认为应该在孩子面前形成"统一战线"。"战线"？用这个词的时候，我们已经在努力计划如何与孩子对抗，和孩子较量谁强谁弱了。不，孩子并不想在父母之间寻找漏洞并加以利用。他寻求的是事情的真相、是幸福、是快乐。他不一定会利用父母的分歧。他期望的是，当父母中的一方传递给他负面信息时，另一方能够进行弥补。孩子知道哪一方是公正的，而哪一方不是。如果父母中的一方习惯放弃自己的价值观来听从另一方的意见，在孩子面前就会表现出很多言行不一致的地方。

你的伴侣侮辱并伤害了你的孩子吗？要敢于说出你的想法，说出你的感受，要敢于站在孩子这一边，为他的苦痛作证，为他进行辩护。这样他就会知道，你是他可以信赖的对象。相反，如果你一言不发或者支持伴侣的言行，那你就是在背叛孩子，而他将不再信任你。

同样，如果是你做得过分了，也要接受你的伴侣对你提出的反对意见。人无完人，谁都有犯错的时候。我们有时会不假思索地随口说出一些不该说的话，有时会因为疲惫、生气或者再次回想起小时候不愉快的经历而大脑短路。孩子不会因此认为你的形象受损，因为他不是在期待一个好形象，而是需要一个真实的人站在他面前。你接纳了自己的错误，就是在教孩子学着接纳自己。

父母也是人，不一定事事都意见一致；对孩子而言，要适应这一点非常重要。为什么要在孩子面前营造没有差异的世界和生活呢？能看到不一样的观点共存一处，这对丰富他的视野是多么好啊！这样，大家才可以一起讨论、交流和解决分歧。

所以，父母不要统一什么"战线"了，不要为了争当更好的父母而在孩子面前竞争，也不要把其他领域的分歧带到教育领域来！

父母在表达不同意见时要充分尊重对方，这样才能让孩子明白：即使人们所想的会有不同，也还是可以和谐并且相亲相爱地生活在一起。

## 孩子会倾听我们的语言、观察我们的行为

父母所有的行为，不仅仅是针对孩子的行为，还包括在任何情况下针对其他人的行为，都在向孩子传递某种信息。

看看你的生活和你的生活方式。你希望用什么样的方式来教育孩子？你会不会撒谎，掩盖或歪曲事实来为自己开脱？你有没有遵纪守法？你有没有开车闯红灯或者将车开到人行道上？

　　让我们说得更宽泛一些。你在生活中表露出来的快乐、爱和幸福多吗？你所在的公司、从事的职业、你的婚姻，对你来说合适吗？对于工作、自由、生活、自我价值的实现以及爱，你的态度向孩子传递了什么样的信息？

　　在生活中进行选择和选择在孩子面前采取什么样的态度，两者的本质其实是一样的。如果希望在这方面得到启示，你可以对自己提出这个问题：

　　　*我想向他传达什么信息？*

# 我为什么要对孩子说这些话？

"玛戈，阿德里安，咱们走！"我站在车边，孩子们在路边捡栗子。他们就像没听到我说话似的，还在继续寻觅着。

"那儿，看那儿。那个，我先看到的！"

"给你，我放一个在你口袋里。"

我内心开始涌动一股烦躁感，然后我问自己："鬼知道我要他们立刻上车到底是为了什么。"是因为我自己这么决定的吗？我做这个决定有什么理由？今天是周末，我一个人陪着他们，我决定为他们贡献属于自己的完美一天。现在是中午，不错，可是他们似乎并不饿，那我为什么要这么匆忙呢？让他们在这里捡栗子和去广场玩耍或者坐旋转木马，对他们来说有什么不一样吗？为什么就不能让他们在这里尽情玩耍呢？况且，这不花分文啊！最后，我们在那里待了20多分钟，捡到了不少又圆又大、看起来很漂亮的栗子。

我相信，你肯定也遇到过类似的情况。对此，我们的反应往往都是机械的，所以我们最好对自己提这个问题：

**"孩子提要求时，我回答是或否究竟是因为什么？是什么决定了我的态度？"**

当玛戈第一次要求在饭前吃冰激凌时，我听到自己的回答是："不行，冰激凌是甜点，要在饭后吃。"这个答案出现得如此自然，让我自己都感到害怕。我问自己："我为什么这么说？"我理性地思考这个问题，想到了营养学，然后想到了胃的工作方式——糖分会刺激胰岛素的分泌，为消化做准备。我们在饭后吃甜点，那只是因为我们其实还想吃东西，可是又不饿，于是为了再往嘴里填点儿东西而欺骗我们的内脏器官。这是一种社会习俗，而大多数人都有这个让自己很惬意的习惯。但是，思考过后，我的结论是，这种习俗并不合理。因此，我把冰激凌给了女儿，后来她也非常听话地吃完了饭。从那以后，她会时不时地在吃正餐之前吃点儿水果、冰激凌或者蛋糕，但后来这种情况越来越少，因为她慢慢长大了，就会很自然地和周围的人保持同样的饮食习惯。她以前还边吃饭边吃甜点，或者吃一口菜配一口蛋糕或小柑橘。既然她吃完了正餐，为什么还要禁止她吃甜点呢？况且就饮食平衡来说，她这么做也没错（不过柑橘是酸的，和其他菜配着吃不是很合适）。

我的态度是否受到了健康观念和社会习俗的支配？作为母亲，我要对孩子的健康负责，也要帮助他们适应社会。我们可以向孩子解释说，这就是一种社会习俗、一种文化习惯，但重要的是，我们不能混淆观念，比如对孩子强调说饭前吃甜点有害健康。

毫无疑问，孩子只吃冰激凌对健康是不利的。如果冰激凌吃得太多，孩子就会没胃口吃蔬菜。你可别认为我是在建议你让孩子在饭前吃甜点！

父母在同意了孩子提出的与平时不太一样的要求之后，经常会担心他以后也会这样"无理取闹"。其实，**孩子的无理取闹都是父母自己造成的：只有当父母大张旗鼓地和孩子较量时，孩子才会无理取闹。**玛戈要求在饭前吃冰激凌并不是在无理取闹，而是在探索。我原本可能抱着对抗的情绪和她较量一番，她也可能会坚持己见，毫不动摇地与我作对。我认为，这种较量是父母先挑起的，而不是孩子。如果你需要证明，下面这句话就最好不过了：人们总说，如果你任由孩子做决定，那么孩子很可能让你难以掌控；但是，如果他完全依附于你，那么他肯定不会有思考的能力。

你的行为是由你的教育背景还是由连你自己都不知道怎么产生的条件反射来决定的呢？你是觉得问题显而易见、无须多想，还是经过了理性思考呢？我在这里所说的理性思考，不是指你的父母或者家庭医生的已有成见，而是你自己对真实可靠的信息进行的思考、推理和判断。

的确，我们得从广告所提供的铺天盖地的错误信息中，开辟出一条正确的道路。

一位妈妈曾经对我说，为了让儿子同意每天喝酸奶，她得使出浑身解数与他斗智斗勇。受到广告的误导，她坚定地认为酸奶好，酸奶是孩子成长的必需品，他必须每天吃奶制品！食品业的广告宣传如此声势浩大，以至于她无法理解自己儿子的抵制行为。在了解了更加中立和客观的说法后，她修正了自己的错误观念。实际上，每天喝酸奶会增加孩子的胃酸，而且奶制品也不如孩子喜爱的杏仁和榛子的钙含量高。一句话，她所认为的健康食品其实并不像她想象的那么好！

我们家最近一次度假时，旅馆中发生的一幕让我目瞪口呆。当时我们在吃自助餐，大家都可以选择自己喜欢的东西。那天餐台上摆放着法兰克福红肠和上等肉片。一个女孩坚持要吃红肠，而她的爸爸拒绝了她的要求，反而要她吃上等肉片，并且提出了一个观点："你妈妈说过，上等的永远都是最好的。"的确，红肠不是很有营养的食品，但上等肉片也只是用一片鸡肉（有时会有好几片）、一块火腿、一些奶酪以及一层面包粉做成的，有人喜欢，也有人不喜欢。不过，三层蛋白质叠加在一起，就算从营养学的角度来看，说它"上等"也是站不住脚的。这个女孩想要的只是一根红肠，没什么大不了的，为什么不让她吃呢？在如此荒谬无理的事情面前，人们却无动于衷。这个女孩很快就接受了自己的命运，可她已经十几岁了，而她的父母对她的生活进行如此严格的控制，显然从来没有反省过：自己强迫孩子接受的那些事情到底有什么意义？

我们无法做到无所不知，但当孩子向我们提出要求时，我们为什么不能听进去，为什么不能问问自己：

**我为什么要对孩子说这些话？**

**5**

# 我的需求和孩子的需求有冲突吗？

我们希望孩子不会因为一点儿"芝麻小事"而哭闹，不会因为我们拒绝了他的某些要求或者我们在建议他更换沉甸甸的纸尿裤时语气不当而愤怒地喊叫；

我们希望孩子能更合作一些，希望他在我们的要求下自己穿衣，希望他能开开心心地上床睡觉，希望他能自己整理房间，按照大人的期望把外套挂在挂衣钩上，并把鞋子整齐地放进鞋柜里；

我们希望他安静又乖巧，希望他不要尖叫着到处乱跑，希望他能安安静静地坐在自己的餐椅上吃饭，希望他能快速地把碗里的食物吃干净，希望他不会在喝水时打翻杯子，希望他不要在餐桌上把饮料倒来倒去地做容积守恒的物理实验……

我们希望我们的孩子不是孩子！

问题是，**孩子就是孩子！当他把所有玩具都陈列出来时，当他在地砖上赤脚走来走去时，当他大清早醒来为的就是玩时，当他气喘吁吁地宣告着自己的惊人发现时，当他在衣橱里玩捉迷藏时，当他在客厅里跑**

**来跑去时，甚至当他穿着沾满了泥巴的靴子把厨房踩得一片狼藉时，他扮演的正是孩子的角色。**

坦白地说，如果孩子时时刻刻都像个迷你型的成年人，衣着整洁，举止得体，我们不会感觉有些不自在吗？前几分钟我们可能会用欣赏的眼光看待这个孩子——因为那是我们内心所一直渴望的——但马上就会因为他那不太自然的状态而感到惊慌失措。

可以肯定地说，父母的需求和孩子的需求是完全相悖的。大部分父母都喜欢家里干净整齐、安安静静，希望孩子说话有分寸，希望自己能够享受宁静的时光或者睡个懒觉；可是绝大多数孩子在一片乱糟糟的环境里都泰然自若，非常喜欢大喊大叫，喜欢大清早就起床，尤其是在周末和假期时。而在平时，这样做就更让父母难以忍受！

我们要承认一点，即父母和孩子的需求肯定是有冲突的，而且这种冲突让亲子关系变得错综复杂。如果我们没有考虑到父母和孩子的需求之间的错位，亲子间的较量就很可能升级到无以复加的地步。**在一场较量中，有人获胜，有人失败。**但是说实话，在亲子关系的领域，这种较量**只会造成两败俱伤的后果。**一个人怎么可能从心底感受到那个否认自己需求的人对自己的欣赏呢？

简而言之，父母要做到这一点：在某段时间内把自己的需求抛在一旁，去满足那些脆弱的小人儿的需求。但这么做一点儿也不容易。一位年轻的妈妈曾经向我倾诉，说她总有一种极度失落的感觉，甚至有拍桌子的冲动。她对孩子的表现感到惊讶，也绝对没有料到事情会变成这样。在生育之前，她一直认为孩子是神奇美妙、完美无瑕、让人赞不绝口的存在；但后来，她完全被孩子的举动吓到，并对他们避之不及。

是的，孩子常常让我们火冒三丈，所有父母都因孩子而叫苦不迭，除非，父母让孩子吃点儿苦头。

在不同年龄段，孩子在晚上的表现也不同：有的要吃奶，有的会尿床，还有的会做噩梦。白天，年龄小的婴儿会要求父母给予持续不断的关注，而年龄大的孩子会打闹不休。作为父母，我们根本没有办法安安静静地享受阅读小说的乐趣，不能和闺密煲电话粥或者早晨赖赖床，甚至不能不受打扰地上厕所。和孩子生活在一起，真的是件非常恐怖的事情。如果我们不承认这一点，就难免会产生积怨，即使孩子犯了一点儿小过错，也会不停指责："特里斯坦，你真让人讨厌！"更过分的父母还可能会说："我到底造了什么孽，让我生了这样不省心的孩子！"

做父母是一项全职工作，需要24小时守候在孩子身旁。一些父母需要外出工作8～10小时，回家后依然要担负起父母的职责。去办公室是个让人享受安宁的好机会：在办公室里，我们被人肯定和尊重，我们身处成人的世界——那里没有喊叫声，没有哭泣声，不会有打架的事情需要我们处理——我们可以稍微喘口气。而全职妈妈就没有这样的空间让自己暂时躲避并重获生命的能量。是的，工作往往能让人的精神和身体都得到恢复，除非这份工作并非你所渴望的。在工作中，我们往往能了解自己的能力，感受到自己的价值。我们和同事讨论工作问题时，难道不是这样的吗？在工作中，我们重获能量，变得更加自信。即使工作本身并不太让我们感兴趣，它还是为我们提供了与他人交流和接触的机会。

如果我们不认同自己的需求，对自身的成长历程感到失望，那么我们很可能无法顺利地给予我们的孩子他所需要的东西。**因此，父母的职责就在于理解和认同自己的需求**，并且想办法尽可能地满足自己的需求。

如果孩子的需求和父母的需求产生了冲突，双方进行对抗并不是唯一的选择。**从长远来说，合作才是更加有效的方式**。合作需要双方都表达自己真实的需求，需要双方互相尊重、认同对方的需求并且肯定自己的需求。

当孩子还小的时候，我们理所当然要将他的需求放在首位，但等孩子长大一些后，就要和他商量！**最好让孩子知道，至少他的需求和父母的需求是同时存在的。**

相比"闭嘴，你真让人受不了！"而言，"我想安安静静地吃饭，你怎么做才能让我好好享受我的晚餐时间呢？"这种说法会更有效。

孩子不想睡觉吗？不管怎样，要让他知道，现在是爸爸妈妈相处的时间，你不能再陪伴他。威胁、溺爱或者惩罚都是没有用的，你只需要尽力去维护你自己的需求。

重要的是，我们不能整日奔波，而要**好好休整**，重获生命本有的力量，这样才有精力和伴侣一起**平等地分配父母应该履行的职责**，才不会埋下连自己都**没有意识到的怨恨的种子**，才能在伴侣无法履行应尽的职责时（有时对方的确在外有应酬，有时对方不愿履行职责而直接拒绝，有时则是对方有离婚的想法）承认自己内心的挫败感和愤怒的情绪。

假如没有意识到自己的情绪，那么我们最有可能做的举动就是把这种情绪转移到孩子身上，这样就让孩子承担了原本与他无关的压力。

帕特里西亚独自抚养两个孩子。孩子没有父亲，这让她非常担忧，所以她希望能为孩子弥补这种缺失，于是给予孩子双倍的关爱。可是，一旦她对现存的问题稍做思考，就会了解一个事实：她需要一个男人。她曾经在很长一段时间内都拒绝承认自己有这种需要，并把这种缺失转移到两个儿子身上，以给予他们更多的关爱来进行补偿。结果，她发现儿子们难以自理自立，因为他们缺乏自信心，对她非常依赖。

一位母亲即使再有决心，也无法取代父亲的地位，因为那根本不是母亲应该扮演的角色。孩子并不期待母亲去弥补这种缺失，而是希望她能够理解他的情感——孩子并不希望自己的母亲对自己的情感需求不闻不问！在对自己的需求给予关注后，帕特里西亚开始让孩子更加自由地成长。也许她会遇到一个男人，重新开始婚姻生活并组建一个新家庭。这个男人将扮演父亲的角色，而这种雄性元素才是她的两个儿子所需要的，才可以让她的家庭达到平衡状态。

**关注自己内心的需求并不是自私的行为，而是在对大局进行审视之后努力做出适当回应的行为。总而言之，关注自己内心的需求才能让大家都得到自己需要的东西。**

## 父母的影响有时会阻碍我们抚养孩子

在日常生活中，我们常常会感到担忧和困扰，但对于我们中的大多数人而言，最迫切、最渴望的需求并非源于眼前的生活。**那些最难掌控的需求往往可以追溯到我们的童年时代。**那些需求不仅在我们的童年时代没有得到满足，而且通常不被认为是必须满足的，所以它们一直处于缺失状态。这样未得到满足的需求哪怕只有很少一点儿，都会和我们孩子的需求相抵触，让我们无法察觉和理解孩子的需求，也让我们无法采取恰当的方式对待孩子的需求。

"她总是哭哭啼啼的，快烦死我了！"玛丽斯无法温柔地对待自己的女儿艾芙，因为她自己的父母就从来没有给过她温暖的拥抱。尽管她有这种明显的渴望，但是心理障碍的力量太强大，以至于她难以突破障碍。当艾芙走近她，想和她亲近时，她会把女儿推开。要让她学会爱抚孩子，或许应该让她看到艾芙被人爱抚的样子，使她的脑海里形成一幅她作为小女孩得到父母爱抚的画面——但她可能难以做到这一点。她曾经因为得不到父母的爱抚而难过，现在她根本不想唤醒这种缺失带给自己的痛苦。她更愿意否认自己有这种需求——"我没有得到过，也没有因此而死掉"——随后也否认自己的女儿有这种需求，想以这种方式来掩盖一切。因为，如果她认同艾芙有这种需求，从逻辑上来讲，她会想到自己作为小女孩时的需求，也就是说想到自己还是个孩子的时候……

**假如我们自己在童年时代的情感受到压抑，我们就会无法察觉自己的孩子有需求这个事实，因为我们可能将自己长时间以来没有实现的巨大需求转移给他人，也可能否认自己的需求以免触动内心的伤痛。**

当我发现这一点时，我对自己提出了一个问题："我真的想和自己的孩子较量吗？"

纳塔莉在生产15天后就去参加冬季运动会，而将半个月大的女儿交给自己的母亲看管！她高声为自己申辩，说自己需要休息，说经过这次考验后她还会回到孩子身边。她没有想过自己的女儿对此有何体会。经过调查，我发现，她在很小的时候曾经与母亲分离。她把这种痛苦、愤怒和恐惧埋藏在心底，并强迫自己这么小的女儿也遭受同样的待遇，似乎这样做就可以向她母亲表明："你是对的。你看，我没有因此而受苦，我对自己的孩子也如此。"

伊雷娜要去美国工作两个月，于是将三个月大的儿子汤姆留在法国，让一位有资质但从未与汤姆接触过的奶妈抚养。回国后，伊雷娜不理解自己的儿子为什么会如此虚弱。他拒绝进食，而且睡眠质量很差。可以说，他抑制了自己的生长。尽管出现了这些问题，伊雷娜依然没有思考过自己去美国意味着什么。她被困在自己儿时的记忆里，因为她在和汤姆一样大时也被自己的母亲"抛弃"过。

克莱尔是三个孩子的母亲，伊夫也有两个孩子。他们总是很晚才下班回家，而且都很干脆地承认，他们以工作为借口，其实是因为不愿意面对孩子，不愿意面对孩子的需求和各种情绪。比较而言，工作问题要简单得多。虽然他们的孩子也可以在游戏和电视的陪伴下成长，但他们逃避孩子，其实是因为他们害怕重新面对自己童年时曾经有过的不良感觉。

婴儿不能自己满足自己的需求，如果抚养婴儿的成年人沉溺于童年时期的痛苦而无法自拔，不能回应他的需求，那么婴儿必定处于极度的慌乱中。为了维持生存、让自己被接受、为自己争取到爱，婴儿能在非常短的时间内心甘情愿地屈服于自己的抚养人。他学会了即使没人看管也不哭，而当他观察到自己喝奶的速度让妈妈担心时，甚至会加快速度。他压抑自己的需求和情绪，变得非常"乖"，让父母为自己感到自豪。但是，在这样做的同时，他掩盖了自己的情绪，并由此得出不能相信他人的结论，而且会先入为主地认为外面的世界充满了敌意。

相反，如果父母关注自己的真实需求，关注夫妻间的关系，过去的伤口也得以愈合，他们就能认识到并满足孩子的需求。

没有一本书，也没有一位专家能够给出一个放之四海而皆准的答案。每个孩子都是一个人，都是区别于地球上其他任何一个孩子的人。孩子还会发生变化。他在成长，不会一生只穿一个号码的鞋，他的需求也不会总是一成不变。他可能两岁时喜欢大葱，三岁时却对其深恶痛绝。没有什么可以让我们不假思索地始终依靠，也没有什么系统的方法可以让我们一用到底，所以我们永远都要根据变化进行调整。可如果我们忘记自己有过的童年，就不那么容易做到这一点。

**要想幸福地生活在一起，我们就要在可以承受的范围内容忍孩子的**

放纵行为，要学着更加包容。我们要记住，孩子依赖我们，我们是他坚实的靠山。我们要治愈自己有过的伤痛，这样才能让孩子以自己特有的节奏成长。而我们，则会因此获得舒心和愉悦的生活。

当孩子"太乖"或者太不听话，而我们因此对孩子过度保护或者大发雷霆，对孩子的需求无法做出回应时，我们可以对自己提出这个问题：

*我的需求和孩子的需求有冲突吗？*

# 对我来说，什么才是最珍贵的？

两岁的贝亚正在十分难过地大哭，因为他没有拿稳杯子，把它给打碎了，而他的妈妈刚刚朝他大吼了一番。可是，贝亚不是故意的！

不久后，贝亚躲在自己的房间里，尽可能地不发出一点儿声音，因为他一想到爸爸发现办公桌上的纸黏在一起时可能有的反应就十分害怕。但这不是他的错，他本来只想把自己踩坏的玩具重新粘好。要知道，如果他把踩坏玩具这件事告诉爸爸，就又要被教训一番："如果你把东西收好，就不会发生这种事了！"所以，他情愿自己尝试着把玩具修好。可是悲剧就此发生了——当他把卡车碎片拼在一块儿时，家里的猫突然跳到桌上，碰翻了胶水瓶，于是胶水全部洒到了纸上！

父母对孩子的此类行为最普遍的反应是：就像要投入战斗似的摩拳擦掌，凶神恶煞般地对待孩子，忘记了到底什么才是最珍贵的。就因为花瓶被打碎了、杯子摔在地上、衣服在客厅里被拖来拽去、玩具丢了，我们大声喊叫、暴跳如雷，甚至不惜伤害自己的孩子。我们把花儿、客厅的沙发或祖辈留下的花瓶看得比孩子还重要。

"对我来说，什么才是最珍贵的？"这是我们在对孩子采取行动前要问自己的第一个问题。父母都是成年人，拥有成熟的大脑，能够控制自己不做出条件反射般的反应，能够根据自己的价值观和目标来选择行为方式。而孩子的大脑无法做到这些。

如果我的回答是"对我来说，最珍贵的就是孩子的爱，是孩子的自信，或者换句话说，是在他面前永远不面红耳赤地生气"，那么我就会保护这份爱，保护这份自信。

如果我的回答是"对我来说，最重要的就是我婆婆会怎么看我，厨房里的东西是否完好无损，还有我自己能否得到一份安宁"，那么我就不会像刚才那样，而会尽力保全自己作为好妈妈、好主妇的形象，或者尽力让自己不被打扰。

当然，第二种选择很少能被父母真正地意识到，但它有着巨大的影响力。**你的孩子能感觉到你潜意识里的想法！对他来说，你的行为比你的语言更有意义**。如果你因为孩子打碎杯子、弄脏衬衣而气势汹汹地羞辱他、伤害他，他就会认为杯子或衬衣比他更重要；而在另外一个场合或另外一个时间，你又对他轻言细语地说"我爱你，我的小可爱"，他就会将你的行为所传达的信息理解为"我对妈妈来说一点儿也不重要"或者"我只有表现完美，只有当我不是我自己的时候，妈妈才会爱我"。

所以，我们要有意识地注意自己对待孩子的方式，这样才能从根本上改变我们的行为。

泰奥多拉和母亲的关系非常糟糕，因为她在童年时代一直被母亲羞辱和贬低。现在，泰奥多拉也有了孩子，而她的母亲依然用一种让人无法容忍的方式对待外孙。她对大外孙不管不顾，却旁若无人地表达对小外孙的疼爱，比如给小外孙买礼物或者带他去动物园、电影院。泰奥多拉在母亲面前就像一块石头一样，完全不去思考，也没有提出任何反对意见。在对自己提出"**对我来说，什么才是最珍贵的？**"这个问题后，她意识到自己的行为是在袒护自己的母亲，更确切地说，是希望母亲最后能够爱自己，可这样做伤害了自己的孩子。有这种觉醒对泰奥多拉来说已经足够——相较于服从自己的母亲，孩子的幸福更重要。泰奥多拉非常明确地向母亲表明了自己的立场，而她的母亲也在女儿的决定面前很快停止了她那极度伤害孩子的行为。

孩子肯定会打破父母制定好的秩序，这再正常不过。如果父母不让孩子打破秩序，还"像以前一样生活"，也就是说，好像孩子不存在一样，既没有改变父母的生活方式，也没有对他们的工作节奏和出行频率产生任何影响，那么孩子便会得出一个结论，那就是——自己根本不重要，甚至没有存在的权利。此外，他还可能产生一种愧疚感（我打扰父母了）或者自卑感（我没有达到父母要求的标准）。

可作为孩子，他需要感到自己是珍贵的，有自己存在的价值。他的需求和他的存在一样，都需要被重视，这一点很重要。

"对我来说，什么才是最珍贵的？"

当我每天晚上被吵醒好几次时，当我种在花园里的牡丹被两只无法停下来的小脚踩踏时，当我刚在电脑上编辑好的工作资料不幸被两岁孩子的小手删除时，或者当我满身疲惫却发现还得弯腰去吸干地板上的水时，这个问题给了我很大的帮助。

显然，这个问题的答案毋庸置疑，对我来说最重要的就是孩子的爱以及孩子对自己的信心。我也希望他们能对我有信心，所以我的想法很清晰：永远不要伤害他们，不要对他们撒谎，不要侮辱他们，不要背叛他们，不要恐吓他们；无论在什么情况下，我都要表现得诚实坦白，把我的感受表达出来，倾听他们的感受，帮助他们爱自己，帮助他们提升自己的能力，让他们不带丝毫愧疚感地承担起自己的责任。

当我们的孩子把家里折腾得一片狼藉时，当我们不知道如何应对时，当我们感觉自己没有按照孩子的实际情况做出反应，而是像我们的父母对待我们那样做出机械的反应时，或者更常见的，当我们以他人的眼光来决定自己的行为时，让我们问问自己：

*对我来说，什么才是最珍贵的？*

# 7

# 我的目标是什么？

一般来说，道路没有好坏之分，差别在于有些道路引领我到达目的地，而有些道路带着我偏离目的地。如果我的目的地是西班牙而不是德国，那么我要走的道路肯定不同。不过，有些道路多少会更直接、更便捷一些。

让孩子自己选择早上想穿的衣服是"好"还是"坏"？

同意孩子的要求是"好"还是"坏"？

让孩子哭是"好"还是"坏"？

让孩子8点上床睡觉是"好"还是"坏"？

事实上，这些做法既不好也不坏，它们要么让你更接近目标，要么让你更偏离目标。某一天你可能觉得某些做法是对的，而另一天你可能就觉得不对，这都取决于孩子的发展状况、他有什么需求以及你有什么目标。在亲子关系中，与其听从外界给予的这样"好"、那样"不好"的建议，父母倒不如先了解自己的目的地在哪里："在和孩子的关系中，我要达到什么目标？"

　　卡琳娜刚收到的生日礼物是一双四轮旱冰鞋。她8岁的姐姐吉拉娜也想要一双，而且马上就想要。妈妈苏珊拒绝了她的要求，说会在吉拉娜生日的那一天，也就是两个月后，再买来当作生日礼物送给她。不过，假期马上就要到了，如果姐妹两可以一起穿着旱冰鞋去玩，那该有多好！可如果现在就送的话，卡琳娜又会觉得不公平。一个孩子想要旱冰鞋，而另一个孩子不同意，这让苏珊难以定夺，于是她来征求我的意见。我建议她考虑一下自己和吉拉娜的关系，与此同时问问自己这个问题："我的目标是什么？"

　　苏珊和大女儿的关系很紧张，因为吉拉娜非常嫉妒自己的妹妹——这是理所当然的事情，苏珊也这么承认。而她和卡琳娜相处起来就很容易——很正常，因为卡琳娜是她的第二个孩子。苏珊向我讲述了她生第一个孩子难产的情况，还讲了关于两个孩子的一些事情。她很难过，因为她没能也不知道如何像对待卡琳娜一样给予吉拉娜同样多的爱。那么，她的目标是什么？——是修复自己和大女儿的感情，是对吉拉娜说自己多么爱她，在自己眼里她有多么重要。但是她该怎样做呢？我没有提出任何建议。苏珊当天晚上就买了旱冰鞋送给大女儿，并向她解释自己爱她，自己的行动就是证明。这是在对过去的裂痕进行修补。苏珊表达了自己的内心情感，吉拉娜也接收到了妈妈传达的这个信息。这个时刻对这对母女来说意义重大。

　　如果是另一种情况、另一个目标，那就一定会有另一种表现形式。**没有万能的答案，一个答案只能对应一个特定的孩子、一对特定的父母、一个特定的时刻，而找到答案的基础就是他们共同的经历。**

　　事实上，我们的每种行为背后都有目标，它多多少少都能被我们意识到。但也有可能出现这种情况，那就是我们的实际行动和我们有意识的目标背道而驰。比如，帕梅拉宣称自己希望孩子能够健康成长、有自己的思想，可她每天晚上都为孩子准备好他们第二天要穿的衣服。

我们的目标决定了我们的行为，并因此决定了我们和孩子的关系，尤其是当这些目标存在于我们的潜意识中时，它们发挥的功效会更大。我们要注意自己的潜意识，这样才能选择并创造我们希望拥有的关系。

如果我的目标是"拥有一个无可挑剔的厨房"，那我的行为就会和我把目标定成"无论在任何情况下我都要让孩子学会建立自信心"时不同。

如果我的目标是"让孩子学会自立和独立思考"，那我的行为就会和我把目标定成"希望孩子听话顺从"时不同。

如果我的目标是"让孩子毫不怀疑我对他的爱"，那我就不会用目标为"帮助他成长，帮助他度过心理低谷期"时采用的方式对待他。

如果我的目标是"向我的丈夫证明我是一个完美无缺、无可指摘的妻子"，那我的表现就和目标为"关注孩子所有的需求"时不同。

我们越是在意别人的想法——不管那是真实存在的还是自己想象的——就越不能集中精力去关注孩子的真实需求。

我们要看重孩子的需求，把孩子放在首位，尊重孩子，但这并不意味着我们要"听之任之"或者"在他损坏或者摔碎某样东西时什么都不说"。我们要做的是，在表达自己的情感的同时，也继续深爱他并向他表达自己的爱。

我曾经有一个特别喜欢的纯手工吹制的漂亮玻璃杯，这个杯子是一个朋友送给我的，其表面装饰着一条蓝色的蛇，所以我一直都不允许孩子们碰这个杯子。但有一天，就在一瞬间，两岁的阿德里安抓住这只杯子，然后松了手。当杯子在厨房的地板上变成碎片的时候，我不禁哭了起来。我多么喜欢这个杯子啊！可是我一直清醒地意识到，把爱传达给孩子才是我的目标，我要传递给他的信息是"我的爱是无条件的，你可以完全信任我"。所以，我只是向他解释自己很生气，却没有责怪他——我含泪的双眼看到这个小人儿已经被玻璃碎片给吓呆了。我必须安抚他，向他表示我依然爱他，但我也需要哭出来，因为杯子碎了让我很伤心。**我在讲述我自己的感受，而没有责怪他；我表达了自己的情感，而没有对他的行为做出评判。**

此后，他好几次都反复提到这件事："有一次，我打碎了你的杯子，你哭了，我也哭了。"他反复提到这件事，是因为他需要重现当时的情景来让自己理解这件事。

每次我都这么回答他："是的，我哭了，因为我非常喜欢那个杯子，可它被打碎了，我再也不能用它来喝水了。一个人失去自己喜欢的东西时哭泣，这是很正常的。"

几个月之后，有一次阿德里安小心翼翼地将一个大杯子放在桌上，说："妈妈你看，我没有打碎杯子。上次我打碎了你的杯子，你哭了，我不喜欢你哭。我也哭了，因为我打碎了你的杯子。你哭了，我也哭了。"

现在，阿德里安在对待自己触碰的东西时更加小心了。他的内心在进行主动的建构，他开始意识到有些东西在别人看来有着特别的意义，比如对我而言，那个杯子碎了就意味着我失去了一件珍贵的东西。他也感到了愧疚，但那是一种健康的愧疚感，这种情感让他能够注意他人的感受，让他意识到自己的行为可能带来的结果并引导他树立一种责任感。

而如果我对他大加训斥，责怪他冒失大意，对他大吼大叫，结果可能使他感觉非常糟糕。他可能会产生对他身心不利的羞耻感或罪恶感，而由此导致的非常自然的结果就是——他会被激发出一股怒火来抵消这种难以表述的耻辱感或罪恶感，毕竟"犯错"的是他。接下来，如果他就此认为自己"冒失莽撞"或者"总是粗心大意"，那他小心在意的对象将不是杯子或其他物品，而会是"不能再冒失莽撞"这件事。但由于他非常紧张，总是纠结于可能发生的事故，纠结于自己的粗心大意，而不会注意事情本身——比如拿杯子时要注意什么——他最终必将打碎其他东西。一旦此类事情再次发生，他就可能以此断定：自己的确很糟糕、很冒失。而当一个人认为自己很冒失时，他打碎东西的概率肯定比认为自己很谨慎时的概率更大。你的目的是让孩子觉得自己很谨慎还是很冒失呢？

事实上，如果你总是把孩子当作最重要和最珍贵的对象来保护的话，你家中哪怕最易碎的东西也会非常安全。**一个感受到他人重视的孩子会更关注他人，也会更加在意自己的行为可能造成的结果。**因为他不再担心自己会"犯错"，而会尊重他人的情感，也会产生一种责任感。现在，问一问你自己：

*我的目标是什么？*

**8**

# 七个需要牢记的问题

1. 他有过什么经历？

2. 他想表达的到底是什么？

3. 我想向他传达什么信息？

4. 我为什么要对孩子说这些话？

5. 我的需求和孩子的需求有冲突吗？

6. 对我来说，什么才是最珍贵的？

7. 我的目标是什么？

第三章

# 生命是动态的

　　要倾听孩子发泄情绪并不容易。孩子的情绪会带动我们的情绪，会让我们觉得自己不是一个"好妈妈"或"好爸爸"；孩子的情绪会让我们惴惴不安，让我们反问自己"我该怎么做"；孩子的情绪会让我们这些保护者产生挫败感，让我们去衡量自己作为孩子的靠山是否尽到了责任。我们可以大胆地说，有时我们多么希望孩子不哭泣、不喊叫、不在地上打滚！我们多么希望他没有那么多情绪！

　　可事实就是如此。他的情绪对他来说最珍贵，因为他的情绪中包含着他对自己身份的认同以及他对自己真实存在的体验。

　　一个安静得像幅画似的孩子的确很乖，但他身体里的某个部分没有了生命。**生命，就是运动**，而画是静止不动的。想要让孩子像画一样安静，就得杀死他体内的运动元素。emotion（情绪）这个词，第一个字母e代表"exterior"，即"向外"；而motion代表"movement"，即"运动"——**"情绪"就是生命自身的运动**。这种运动来自身体内部，并在身体外部表现出来。生命的这种运动可以告诉我们以及我们周围的人，我们到底是谁。

恐惧能帮助我们做好保护自我的准备；悲伤总会在他人离世时显现；快乐会从内心流露，让我们充满活力；愤怒则界定了我们的界限、我们的权利和我们的完整性，往往是我们遭遇挫折后的产物；而爱，将我们和其他人联系在一起。

**哭泣、喊叫、颤抖，这些都是缓解生命中的紧张和压力所必不可少的解药。**一个生命在这个世界上存在，总要遭遇各种挫折、困惑、恐惧和愤怒。所有的孩子都有哭泣的需求，而且需要他人好好陪伴。发泄情绪能让孩子在受到伤害之后重建自我。一件伤人的事件、一次事故、一次考验或者一段不公正的经历一般不会对孩子造成精神上的创伤，除非我们不允许他自由地表达这些不愉快的经历给他带来的不良感受。如果孩子的情绪能够得到顺畅的宣泄，就能保障他有一个健康的身体。

我们在表达某种情绪时总是备受争议，但情绪对我们是有帮助的——情绪让我们感觉到了自己的存在。

◆ 1 ◆

# 我是谁？一个情绪的载体

能够打开自我意识大门的钥匙，就是情绪。

"你好啊，小不点儿！"

"我不是小不点儿，我叫阿德里安！"

阿德里安才两岁两个月（早熟吗？的确是！），但他不喜欢别人称呼他"小不点儿"。这些天以来，他都要求别人喊他的名字。有一次我想逗他，吃饭时把盘子推到他面前说："先生，请用餐。"而他回答说："我不是先生，我是阿德里安。"

阿德里安是一个存在的实体。他通过陈述自己想要的和不想要的来表达自己的感受和经历，来确认自己的身份、个体特性以及属于他自己的生活。

"**我**非常生气！我发火啦，因为我很生气！"

"**我**不想睡觉。"

"你走了**我**很伤心，我不想你走。"

"哦，妈妈，又看到你**我**好开心啊！"

"**我**把盐罐里的盐倒进嘴里后，感觉很不舒服，**我**哭了。"

当他说这些话的时候，我们一般会这样回答：

"就是这样的，很正常。"

或者，我们会教训他一番：

"如果你想明天上午精神好，现在就得睡觉。"

或者，我们会做出解释：

"你知道，我得上班……"

我们给了孩子一个答复，我们试图解决问题，但是我们没有理解孩子真正要表达的是什么。其实，孩子在说这些的时候，他没有向我们要求的意思。**他只是在表达自己的感受！**

他在表达自己的感受，他在构建自己所感受到的一切，他在展示自己的内心世界。他之所以自言自语或向我们表述，是想表明"我是谁"以及"我的感受是什么"。他正在体验为自己而存在的感受，可我们总是顾左右而言他。如果我们只是针对他说话的内容做出回应，对他的感受却置之不理，那我们就是在清楚地告诉他——"你的感受一点儿都不重要，你所谓的'**我**'也毫无意义"。面对我们理性的解释，他能听懂的只有一点：他所感受到的一切都是错误的。

我们的表现如此麻木，这到底是为什么呢？我们把自己的感情隐藏得那么深，以至于我们自己都懒得去把它们找回来。我们不想任由自己被感动。我们不就是担心看到自己曾经深埋的情感再次浮现并把我们吞没吗？那么，我们自己和孩子一样大时，到底是什么状况呢？因为担心会回忆起可能令我们自己非常痛心的经历，我们竟然对孩子的哭喊不闻不问。这么做，我们就把孩子也关在我们曾经所处的"牢笼"里了。

那么，如果我们利用这个机会，沿着孩子指给我们的方向前进，走出禁锢我们的"牢笼",给予他作为个体存在的自由,情况又会怎么样呢?

倾听、接受并且肯定孩子的情感,就是在帮助他作为一个人来进行自我构建,是在帮助他作为一个个体来感受自我的存在。

**我**是谁?

感知自我的存在,其前提是意识到自己的情绪。**"我"就是那个感觉到自己真实存在的个体。**

如果孩子没有权利表达自己的感受,如果没有人在他哭泣、发怒或者感到恐惧时安静地陪伴他,如果没有人肯定他的感受、告诉他这些感受是合理的而且他有权利体验他所感受到的,那么孩子就有可能抹掉自己要切实体验的意识。或许,他将不再有任何内在的感受;或许,他会体验到另一种"被许可的"情绪,而不是事实本身。

当一个孩子没有权利体验自己的感受时,他就成为父母所希望的孩子、老师所期待的学生或者其他人眼中认定的那个人。这些人告诉孩子他是谁,然后孩子就扮演这个角色。于是,他再也无法感受到自我的存在。

成年人总是不明白对一个孩子而言什么才是最重要的。对我们来说,碟子上画着的是巴巴尔大象还是长毛绒狗熊,有什么关系呢?但这对于一个三岁的孩子来说意义非凡。孩子可能会大发雷霆,因为他要的是画着巴巴尔大象的碟子、蓝色的杯子、玫瑰色的叉子、没有完全熔化的黄油、表面没有烤焦的比萨等。我们也可能十分恼火,因为我们在他这个年龄时可没有这么多选择,而多种选择竟让我们此刻的生活变得复杂无比。所有这些"细小琐事"在孩子的眼里都至关重要。在现实生活中,父母的倾听非常有效,能够帮助孩子培养自己的喜好。即使他处在某个必经阶段——某一天非常爱吃蘑菇,第二天就对其深恶痛绝的阶段——我们也要给予理解。

通过选择，孩子找寻着自我。他有自己的喜好，并且把它表达出来。他意识到自己和其他人不一样，并逐渐建立起对自己身份的认同感。如今，那么多成年人不知道如何做决定，在多条道路面前犹豫不决，不知道如何在比萨店和中国餐馆之间做出自己喜欢的选择，于是屈从于别人的选择。要清晰无误地认同自己的身份是多么的困难！

# 2

# "应该对孩子百依百顺吗？"

可以说，这个简短的问题让我们之前的论证瞬间变得毫无意义。父母会提出这个问题，说明孩子的情绪和需求并没有被真正理解。不，尊重并倾听孩子发泄的情绪，并不意味着对孩子的需求无条件地全盘接受。

有一次，我带孩子们去看马戏表演。在入口处，很多人在兜售各式各样会闪光的头盔和荧光玩具。玛戈拉着我的胳膊，指着一个荧光棒对我说：

"妈妈，看，我想要一个这样的东西！"

"不，我不想买这个，这个太贵了！"我没有配合她的要求，就这么不知趣地回答她。

她十分不耐烦地回应我：

"我就知道你不会给我买，但我总有想得到它的权利吧！"

噢，是的，她有这个权利！是我自己启动了自动回应的陈旧程序。

与挫折有关的问题会在孩子的成长过程中不断地出现。有些父母是

"宽容派"，希望给孩子的挫折越少越好，有些父母则是"严厉派"，希望不断让孩子受挫。那么，孩子真正的需求到底是什么？

## 抵制诱惑

在《情商》这本书中，作者丹尼尔·戈尔曼提到了一项由心理学家瓦尔特·米歇尔组织的针对四岁孩子所做的实验。实验者对每个孩子提出了同样的建议："我把你留在这个房间，在房间里的这个盒子里有一颗软糖。如果你现在吃，就只能吃这一颗，但是如果你有耐心等我回来，我就再去买一颗软糖给你。"

大约1/3的孩子等实验者一出门就一跃而起，奔向那个盒子，而2/3的孩子一直等到实验者回来，拿到了两颗软糖。这项实验是在斯坦福大学的附属幼儿园进行的，所以可以跟踪了解孩子们此后在学校里的情况。

12~14年以后，冲动的孩子和不冲动的孩子在心理层面和社会层面上的差异实在令人难以置信。那些抵制住了诱惑的孩子更加自信、更加坚定，做事更有效率，并且能够克服困难。他们在别人的怀疑面前、在恐惧和失败面前更加坚强，有更好的抗压能力，即便受到阻挠也依然能够坚持向自己的目标前进。

而那些马上就把软糖吃掉的孩子，他们的内心更加混乱，性格更加固执，也更加优柔寡断。他们不愿意与他人交往，当事情的进展和他们期望的不一样时，他们很容易恼怒，而且一旦面临困难就很容易放弃。

中学毕业时，那些抵制住了诱惑的孩子无一例外地成了最棒的学生。他们的考试分数比其他同学高出20%！懂得克制冲动、延迟对冲动的满足，这对孩子将来的发展非常重要。一个孩子在四岁时的表现就已经决定了他未来的能力。

而那些吸毒上瘾的人和轻罪犯，大多是不能承受挫折的人。他们在实现愿望的过程中只要遇到一点点阻碍，就会感觉如临大敌。

拥有处理挫折、克制欲望、将现在投射到未来等能力是获得幸福的基本要素，能促使我们在生活中实现自己的目标并与他人保持和谐的人际关系。

## 孩子如何学会坦然面对挫折？

故意让孩子受挫注定是个错误。任由一个婴儿哭泣而不把他抱在怀里安慰、剥夺年龄稍大的孩子和父母亲密的时刻或者拿走属于他的一份礼物，这些都是过去的父母为了"不惯坏孩子"、为了让孩子接受挫折教育而惯用的伎俩。这些方法都被证明是毫无效果的。

孩子面对挫折时会特别敏感。任何阻止他的欲望得到满足的延迟行为都会让他无法容忍，这种缺失让他焦虑不安，于是他可能会通过依赖某种东西（酒精、毒品、烟草、性和一些强迫性的行为）来控制自己的情绪。他也可能对这种缺失无动于衷，学会否认自己的需求。

有些人看到，只要孩子要求，我就会喂奶，而且我对孩子的需求尽量给予满足，绝对不让他独自在房间里哭泣。于是，他们都信誓旦旦地对我说，我会把孩子娇惯成无法坦然面对挫折的弱者。可事实上，我观察到我的两个孩子都能非常有效地处理挫折，甚至可以说，以他们的年龄能有那样的表现相当令人惊讶。

在瑞典，曾经有这样一项实验证明：设定"糖果日"对减少孩子的龋齿有显著的效果。也就是说，孩子只能在一周的某一天吃糖果，而其他6天绝对不允许吃。我觉得这个主意非常有意思，不仅因为它能减少孩子的龋齿，还因为这种做法是在设定一个和甜食相关却不常见的界限。于是，我向我四岁和两岁半的孩子提出了这个建议。

我们选择的日子是周六。所有家人都被告知只有这一天才是"糖果日"，而且无论奶奶还是舅舅都绝对不可以过分地引诱他们。如果他们某天得到一些糖果，我们就会建议他们把这些糖果保留到周六再吃。如果他们立刻吃掉的话，我也不会批评他们，而是让他们知道我会不高兴。一般来说，这就足以对他们的行为进行限制了。我只需要表示我不赞同就行了，既不会惩罚他们，也不会对他们怒吼。他们知道他们不需要"服从"我，因为我们之间达成了协议。

在大多数情况下，玛戈得到糖果时都会把糖果交给我保管，等到"糖果日"再享用。有时，我也看到她急匆匆地把糖果塞进嘴里，或者冲进她自己的房间，把糖果藏在一个不容易被发现的角落。偷吃一两颗糖果对他们学习克制欲望来说并没有多么不良的影响。然而，她应该感受到自己有选择吃或者保存起来的自由。否则，她会觉得这种剥夺是外界强加给她的！

连两岁半的阿德里安都小心翼翼地藏好了从保姆那里得到的三颗糖果，要等到周六再吃。还有一次，他把在餐馆收到的棒棒糖揣在怀里，回家后，他和姐姐一起把棒棒糖交给我保管。不过，周六（四天以后）一起床，他的第一句话就是："我想要我的棒棒糖。"

## 需求和欲望

从弗朗索瓦兹·多尔多那里我们知道：挫折太多会让孩子的精神受创，但是，挫折是帮助孩子成长的必需品。我们知道，孩子会有需求和欲望，而这些与挫折不能相提并论。

孩子不一定真的需要红色的汽车或金发的洋娃娃，他只希望得到它们。并且，他绝对需要**在自己因为受挫而生气时得到尊重和理解**。显然，很重要的一点是，我们不能对所有事情都表示接受和赞同。但是，当我们（合情合理地）拒绝了一个要求却遭到孩子的抗议时，"如何审视自己"才是有建设意义的问题。

他因此而大怒，在地上打滚了吗？其实他真的不需要糖果，即使他表现得非常想要。**他有表达自己受挫情绪的需求。他在试探——如果自己生气的话，能否被父母理解**。对他来说，这很重要。因为他需要确定，你拒绝他是否意味着你们关系的破裂。你对他说"不行"，他就会认为你们的关系产生了问题，就会立刻被自己的强烈感受所淹没。虽然他在哭喊着，会试图来打你，但如果仔细观察你就会发现，他其实是在试探着和你进行身体接触。如果你避开他，那么他会去敲打墙壁、捶打某个物品或者在地上打滚，因为他需要修复你们的关系。所以，在他最需要的时候，你不要拒绝他对身体接触的需求。

在之前提到的那次马戏表演的中场休息期间，玛戈非常羡慕地看着卖气球的人拿着一大串气球在一排排座位间穿梭。

"妈妈，我要一只气球！"

我本来可以对她说"不行"或者进行一番思想教育：

"我不能总给你买东西。这些气球要花很多钱。"

或者，我可以撒谎：

"我没钱了。"

或者，我可以转移她的注意力：

"我们一起看看节目单吧。让我看看你认字认得有多好！"

可是，想到她在入口处表现出来的强烈愿望，再看看那些气球，连我自己都觉得它们很好看。我不禁赞叹起来：

"我喜欢那只画着鹦鹉的气球。哦，不，看，那上面还有辛巴和他的爸爸呢！"

她接着说：

"我嘛，喜欢有粉色美人鱼的那只！"

我们就这样讨论起自己喜欢的气球。旁边的一个小男孩也加入了我们的讨论："那只气球上还有米奇呢！"我们就这样一起谈论、幻想，度过了非常愉快的时光，也不需要买气球了。愿望得以表达之后，得到一只气球的愿望在这个已经被满足的需求面前（感到自己和父母心连心，一起分享某个东西的需求）消失得无影无踪了。

希望我所表述的这些不会被理解成刻板或其他什么。通过给孩子糖果或礼物来满足他的愿望并不会毒害他。不过，借口说他并不需要而拒绝买任何东西给他，这就不公平。孩子有可能因此认为：他不被允许拥有这种快乐。这可能造成的后果是：无论现在还是未来，他都可能无法体会到生活中的快乐。我们最好回想一下，无论是发给孩子糖果还是拒绝给孩子买气球，都不仅仅是一颗糖果或其他小玩意儿的问题，而是一次学习处理亲子关系的机会。我们可不要让几颗糖果破坏了我们和孩子的关系！

孩子在生活中不可避免会遇到挫折，但过度增加孩子受挫的概率也毫无道理。总有一天，你可能会为了让孩子尊重你的需求、为了保护孩子或者为了孩子的健康而让孩子受挫。

所以，问题在于如何在孩子遭受挫折时陪伴他度过？——学着接受孩子愤怒的情绪吧。

# 3

# 错位传达的信息

玛戈和弟弟阿德里安吵了起来。他们本来正在一起用几个玩具小人和几匹玩具马玩打仗游戏。阿德里安建议她用栗色的那匹马作战，她却想要那匹黑色的马。阿德里安非常担心她会把黑色的马抢走，于是把它紧紧地抓在手里。游戏陷入了僵局。玛戈哭了起来，非要弟弟手中的那匹马不可。这到底是怎么回事呢？

我尝试着拓宽自己的思考范围，回想到了之前的一个场景：玛戈的教母坐在沙发上和玛戈的爸爸聊天。而我上楼给玛戈穿睡衣时，她对我说："我想好好地拥抱和亲吻我的教母，因为我不怎么有机会看到她。"等我们下楼的时候，她的教母还在兴致勃勃地聊天。玛戈不敢打扰她，于是就在不远的地方安静地玩。她一直在等着教母给她一个手势，她就可以过去拥抱教母，可是她一直都没有等到，所以有些受挫。如果她没有因为害怕被教母拒绝而去主动拥抱教母的话，我们就完全不可能知道她会因此受挫。接下来，她间接地表达了自己的挫败感，将情绪转嫁给那匹玩具马。她和自己的弟弟起了冲突，而不是和自己的教母，但她要传达的信息很清楚："你没有给我我想要的。"

## 孩子表达了父母不想承认的事实

圣诞节假期结束后，露西尔哭着说："我不想上学，我没有朋友。"她的妈妈马蒂娜完全摸不着头脑："不会啊，你在胡说什么？你的朋友有那么多。亚历山·拉、克洛伊、莉亚、萨伊达、卡米耶，她们都是你的朋友啊，难道不是吗？"

"她们都不愿意跟我一起玩。"

"没有啊，上个星期三克洛伊还邀请你去她家玩了，而且下个星期你还要去卡米耶家玩。而且，每次我去学校接你时，都看到你和小朋友们在一起玩得很开心啊。"

露西尔忍住哭泣，服从妈妈去上学了。让我们再次拓宽自己的思考范围，看看整件事情的来龙去脉。

露西尔不是在说她自己没有朋友，因为她有朋友。那我们就要考虑一下，她说的可能不是她自己！她之所以会说"我"，那是因为当她对妈妈说"你"的时候，妈妈根本就不听。可是露西尔是对的，她的妈妈马蒂娜无法与别人建立很深的关系。虽然马蒂娜给人的第一印象是非常有社交能力的人，看起来很外向，但实际上她并不自信。和别人见第一面后，她往往就开始逃避，因为她担心别人会发现她的真实面目。也就是说，她担心别人发现她是自己认为的那个她：一个没有什么情趣，也没有什么谈资的人。

圣诞节假期时，马蒂娜和露西尔一起去度假了。在此期间，她们一起尽情欢笑，一起分享快乐。小女孩看到自己的妈妈玩得非常开心，终于从以前的忧郁和不自信中走了出来，所以她不希望因为开学又一次把妈妈一个人留下来，依旧形单影只、没有朋友。

露西尔曾经非常明确地对妈妈说："你应该交朋友，不管是男的还是女的……"但是马蒂娜避重就轻地回答说："我有过朋友，嗯，现在又没了。生活就是这样。"所以，当露西尔做了最后一次尝试——把问题推在自己身上——之后，她决定去上学，不再多说什么，她的妈妈却根本没有明白她想对自己表达的只是：希望妈妈也有朋友！

这再一次证明，孩子的无理取闹是不存在的。如果你不明白他要表达的是什么，那么请拓宽你的思考范围，尝试着思考一下他可能经历过什么，他正在表述的需求到底是什么。他是不是在说一些其实和他自己无关的事情？

倾听孩子的表述并拓宽自己的思路，这需要我们通观全局。孩子要传达的信息是针对谁的或是针对什么的？

## 我的孩子无缘无故地哭泣

哭泣总是和痛苦密切地联系在一起。阿尔黛·索尔特[1]博士兼研究员对这一点解释得非常到位：哭泣是机体在进行重新建构时所做的努力，它是进行自愈的一个程序。她告诉我们，**"哭泣是对自我进行修复的天然的工具"**。哭泣能够降低血压、排出毒素、缓解肌肉紧张、重新调整呼吸。哭泣过后——不过要真正酣畅淋漓地大哭——我们就会感到很放松、很轻快。

大部分精神疗法的主要工作就是让人把压抑已久的情绪释放出来，重获真实的自我。如果咨询者想到过去痛苦的回忆，我就会让他把那件令他难过的事情"哭出来"。和所有人一样，婴儿也需要把那些让自己

---

1. Aletha Solter（1945~　），瑞士和美国发展心理学家，致力于儿童心理学研究。——编者注

感到不舒服的事情哭出来。

**哭泣并不总是意味着孩子的需求需要马上得到满足，因为他可能只是想把压抑已久的紧张和过去的不满表达出来**。比如，如果孩子的出生过程非常艰难，那么孩子就可能需要表达自己的不满——他可能会在出生几个星期后还为自己曾经经历的恐惧和疼痛而哭泣。

婴儿需要我们给予他无限的温情，需要我们不断地触摸他或者把他抱在怀里，需要我们的气味和爱抚。如果一个婴儿连续好几个小时都被放在摇篮里，他就必定会不断地累积紧张感，并有"哭出来"的需要。

假如孩子因为疼痛、情感缺失、挫折而激起的情绪没有马上得到宣泄或者没有被理解，他就会把这些情绪累积在身体里。等他发现有机会释放这些压力的时候（比如妈妈晚上回来的时候），他就会抓住这个机会开始哭闹。他就是以这种方式来表达自己的需求的。这个时候，他需要陪伴，需要我们尊重他所经历的事情，需要我们触摸他，这样他就能接受处在这种情绪之中的自己，而不会觉得自己有被摧毁的威胁。千万不要试图让孩子停止哭泣，相反，请借助这个机会让孩子感到完全的释放。

美国著名儿科医生T.B.布拉泽尔腾的观点和阿尔黛·索尔特一致，他认为夜晚时孩子需要释放在白天累积的紧张感。他们都认为大部分婴儿每天至少需要哭泣一个小时。

## 我的孩子总为小事哭个不停

如果年龄大一点儿的孩子因为一些小事哭个不停，那他可能是在尝试着找到一个能让他大哭一场的机会，因为有些情绪被压抑了，他需要找个机会把它们释放出来。孩子在试探父母的态度，在寻找借口，好让那些泪水和怒气找到出口。不管是这些能用语言来表达情绪的年龄大一点儿的孩子，还是成年人，都有哭泣、喊叫和颤抖的需求，这样他们才能把一些强烈的情绪释放出来。

有些哭泣可以起到治疗的作用，但有些哭泣不能解决任何问题。那些从胸腔和喉咙发出的"只打雷不下雨"的哭泣就没有任何效果。这种替代方式只是在压抑情绪而不是宣泄情绪。真正能够释放自己的哭泣是伴随着抽泣和泪水的哭泣。

请你和你的孩子面对面，坚定并温柔地拉着他的手，直到他释放完内心被压抑的情绪。孩子在刚开始释放情绪时会表现为捶打挣扎，随后就会哭起来。

## 梦和噩梦

5岁的玛戈半夜时分来找我，说："妈妈，我做了个噩梦，我想讲给你听。有只狼抓住了一只羊，把羊关进了笼子。我和小伙伴们想把羊放出来，但是我们非常害怕狼。最后我把笼子门打开了，羊逃走了，但狼跳到我身上，咬了我的手指。"

梦里的所有事物都代表着做梦者不同的情感和情绪。

就在前天晚上，我们俩发生了争执。她想让我用丝巾给她在头上扎出一朵花，可最后没有"和她的好朋友一样好看"，于是她马上怒气冲天，大喊大叫着在我身上捶打，甚至想要把我的东西都扔在地上……

让我们再回过头来想一想这个梦。我们可以把玛戈的一部分情绪（即这只羊）理解为被锁在笼子里了。她压抑了这部分情绪，可是这只羊（很可能就是她那被压抑的欲望的化身）非常固执和倔强，它知道它要什么。她最终把羊放了出来（梦里是在小伙伴们的帮助下，现实中是以丝巾为借口），但是她又害怕狼（狼象征着她的粗鲁行为）。她一把羊放出来，狼就跳到她身上来了，也就是说，她在宣泄情绪时被自己的粗鲁行为给压制了。她对自己的行为很担心，认为自己的粗鲁行为是不对的。所以，那只打过妈妈的手就被狼咬了！

玛戈三岁的时候，晚上很难入睡，有时夜里还会醒来，说她害怕狼。最后我们发现，每当她白天打过弟弟之后，晚上就会产生这种焦虑。

玛戈打弟弟的时候，她觉得自己很坏。她不想有这种感觉，所以就把这种坏的感觉从自己身上投射到自己身体以外的东西上。所以，理所当然的，坏的那个不是她，而是狼。但是，这只狼真可怕！它会"惩罚"使坏的小孩！

"我生气了，我没有权利这么做，我很坏。不，是狼很坏，狼会惩罚我，我很害怕。"

恐惧是从无名之火演变而来的，而且非常频繁。玛戈对自己的弟弟非常生气，毫无疑问，因为弟弟夺走了很多本来只属于她的东西，所以她需要得到父母的安抚。

狼、怪物、吃人恶魔等，这些都能帮助她把内心的怒火投射到身体之外，这样她才不会把我们折腾得筋疲力尽。当孩子从梦中醒来后，他可能会害怕床底下藏着一个吃人恶魔、害怕衣橱里有怪物或者害怕狼会吃掉他……他也有可能在梦中看到这些东西出现，那就是我们所说的噩梦。

所有这些噩梦，我们都要慎重对待。倾听孩子的感受，试着去理解孩子梦中的那些画面意味着什么。如果和孩子聊一聊怪物，这些怪物就没那么可怕了。

这些怪物可能是孩子在书中看到的，也可能是在电视上看到的；梦中的画面可能是他们不能理解或没有确切认定的东西，或者是他们因为害怕而想象出来的变了形的阴影，或者是他们潜意识里某些情绪的影射。所以在这个时候，我们要探寻孩子在日常生活中以及在家中发生过什么，而不仅仅是回忆最近发生了什么。如果噩梦发生的频率较高，那么我们还要想想早些时候发生过什么。

你的孩子在做噩梦的当天或者前几天经历过恐惧吗？他发怒是不是有什么诱因？是他想要的东西没有得到，还是有什么东西被拿走了？父母中的某一方不在吗？父母吵架了吗？他被别人打了吗？家里有什么秘密吗？有什么我们不想或者没有想到要跟他说的事情吗？他是不是有过什么痛苦的经历？比如丢了东西、受到挫折、遭到不公正的对待或者遭受了可能会给他造成伤害的打击（住院、搬家、交通事故）等等。

有些很早以前发生的事情会在几个月甚至几年之后被我们回忆起来。当时被压制的情绪会在某个时机被唤醒，它们也可能借助在梦里再次出现的方式来获得倾听和理解。

除了用语言来表达，画画也是一种很好的宣泄情绪的方式。向你的孩子提议把噩梦画出来吧，这样可以让他与噩梦保持一定的距离，让他产生一种可以控制噩梦的感觉。画画，就是将想象中的事物具体化，并且设定想象和现实的界限。在画画的过程中，孩子在和他认为弱小无力的感觉做斗争：我敢直接看着自己的噩梦，我把它关在一张纸里，我比它更厉害，我有抓住它的力气。

每天晚上，在睡觉前让孩子把所有的烦恼都画出来，这样烦恼就不会在晚上来打扰他了。注意，不要对他的画进行任何解释，也不要试图用心理学的方式去理解它——这是孩子和噩梦之间的事。不过，一幅反映噩梦的画的确会让你忍不住去探究噩梦出现的真正原因。这个技巧对于帮助孩子处理简单的问题很有效，但如果问题比较严重，要帮助孩子恢复积极健康的心理状态，画画这种方式的功效就不大了。被压抑的情绪要得到释放才行。

如果你的孩子不想画画，或者你想让解决问题的方法更加多样化，你可以建议他：想象自己的头脑里有一个烦恼箱，他可以在想象中把它装饰成他喜欢的样子；在睡觉之前，他可以把白天的所有烦恼都放在这个箱子里并把它紧紧锁住，直到第二天早晨再打开。

你还可以给他一个小娃娃或绒毛玩具来做他的"烦恼娃娃"。晚上，他可以把自己的烦恼告诉这个娃娃，并让它帮他保管这些烦恼。当然，还有一点非常重要，那就是在第二天，孩子需要再次打开箱子或者从娃娃那里取回烦恼。不过这些方法都不会长期有效，因为**孩子的烦恼需要得到倾听**，解决烦恼的方法也需要我们去仔细探索。

# 4

# 克制情绪的行为

"我，我不怕。"马克西姆这么说，因为他想在一个女孩面前显示自己很勇敢，但是他不敢靠近这个女孩手里拿着的蚯蚓。

"我不疼。"亚历山大对刚刚打他屁股的爸爸说。

"对不起。"科琳娜克制着内心的愤怒向弟弟道歉。几分钟后，她朝一张桌子撞了过去。

马克西姆、亚历山大和科琳娜都在否认自己的真实情绪。他们表现出来的那个人并不是他们自己。他们会在一生中都缺乏内在的安全感，因为他们无法相信自己内心的感受。就像科琳娜撞桌子那样，他们将来也会故意与生活中的某些事情发生冲突。

科琳娜为什么要撞桌子呢？这是一种会在我们的日常生活中频繁出现的潜意识的行为。科琳娜感到受到了伤害，又被迫把自己的真实情绪压抑在心底。为了从这种痛苦中把自己解救出来，她往往会将痛苦转移到另一个物体上，一个更加具体化、更加"客观"的物体，一个可以帮她表达这种痛苦的"客观的物体"。当爸爸强迫她当面向弟弟道歉时，她没有得到将自己认为丢脸的事情给哭出来的权利，于是她让在撞桌子后感到疼痛的自己得到了哭泣的权利。哎，尽管如此，很可能还有人会加上这么一句："你就不能看着点儿吗？"

**不管孩子的感受是否让人觉得舒服、想法是否让人感到愉悦、行为是否让人认为得体，我们都要接纳他的情绪，这样他才能接受真正的自己，才能树立起自信心。**

自我意识是个人在生活中逐渐形成的，这种意识形成的前提是个人所有的情绪都被倾听、被允许和被表达。相反，如果周围的人（父母、老师）全面否定这些情绪、拒绝倾听这些情绪，甚至把孩子的情绪表达当作笑料，孩子便会认为他所体会到的、他所想的和他所做的并不符合父母（或老师）所期待的标准。

也许马克西姆、亚历山大和科琳娜的父母在看到自己的孩子勇敢、坚强和听话时会感到自豪，但他们没有意识到，他们为此要付出多么大的代价。

我们每个人都有情绪，而且我们会在相同的情况下产生相同的情绪。所有人的心理层面都很相似，每个人都会在某一天感到悲伤、厌烦、恐惧、愤怒、憎恨，会产生负罪感、耻辱感、被排挤的感觉，会感到嫉妒、羡慕、宽慰或幸福……但因为从来没有人谈及自己内心深处的感受，每个人都觉得只有自己在体会着这些感受，所以都感到非常孤单。每个人都觉得自己和别人不一样，因为每个人都认为自己体会到的东西是其他人体会不到的。有这种感觉会让我们觉得自己活得很糟糕，会觉得自己很没用、让人讨厌、让人难以忍受……我们会贬低自我，并且纠结于其他人是不是也和自己一样。最终，我们会将自己的情绪掩藏起来，戴上面具，让自己看起来和别人所期待的一样；我们会不停地担心别人发现我们其实并不是看上去的那个人，于是会花更多精力来掩饰自己。

我们所有人都会有"大逆不道"的幻想和"不纯洁"的念头，或者更准确地说，"大逆不道"和"不纯洁"这些词都是我们自己下的定义，因为我们的父母不愿意承认他们自己也有过同样的幻想和念头。

所有人都会有幻觉。幻觉是和某种欲望或某种情绪联系在一起的、在大脑里产生的画面。这种幻觉可能代表一种无穷的威力，比如我看到敌人被绑在柱子上，而我就这么盯着他，仰天大笑；它也可能代表内心的愤怒，比如我看到敌人受伤了、摔倒了、痛苦不堪；它可能代表一种爱慕，比如我看到自己喜欢的男孩朝我走来，带我骑上他那匹桀骜不驯的马儿肆意奔跑；它也可能代表一种恐惧，比如我看到一个怪物在我身后紧追不舍，要把我吃掉；它还可能代表一种蔑视，比如我会想象，当自己要发言时，其他人可能用一种轻蔑、高傲的眼光来审视我。

那么，谁会说出内心的恐惧、欲望和秘而不宣的梦境呢？谁会述说他的孤独、他的挫折、他的嫉妒，或者他的爱和他的快乐呢？我们往往简单地做出论断：自己身上发生的事情怪诞而不可信，最好不要说出来。

人们往往认为，克制冲动有利于集体生活；如果大家都"听从自己的内心"，那就没法在一起生活了。让我们来看看实际情况到底是怎样的。如今暴力事件频繁发生，这很清楚地向我们表明：压抑内心的情绪并不是个好办法。人的情绪得不到认同、关注和倾听，就相当于把坏情绪放进了高压锅；一旦阀门不够畅通，锅盖就会被顶开。

的确，每当我们内心有冲动想打人、想勒人脖子、想惩罚某人、想把某人抓起来严刑拷打时，每当我们产生这类幻觉时，生活就会变得无比艰难。其实，这种幻觉很快就会自动消失，因为我们自己会迅速消灭它。那么，不伤害他人的唯一办法就是压抑内心的愤怒吗？难道我们不能在沦为情绪的奴隶之前，学着对它的存在表示认同吗？

弗洛伊德早已证明，能意识到那些具有破坏性的冲动，就不会让自己受到伤害，也能让自己获得新的成长。消灭别人和让别人尝尝苦头的欲望并不是人类与生俱来的冲动，而是一种让自己不受情绪伤害的保护机制。为了让自己感觉不到"我"不痛快，"我"自然很容易把"我"的这种愤怒转移到他人身上。这种压抑了情绪而自己毫无意识的行为，有时会导致个人被情绪所控制并产生暴力行为。

如果承认自己的内心情绪，接受它并学着宽容地对待它，不担心自己会被它打败，用语言把它表达出来，我们就能感知一个完全的自我，而不会再付诸暴力了。

**重要的是，要让孩子知道：承认并用语言表达自己最粗暴的幻想，并不会破坏自己和他人的关系，也不会让自己受到伤害。**

"我知道你很生气，但我依然爱你。"

如果父母不允许孩子表达愤怒的情绪，孩子就会带着罪恶感和不安感把情绪压抑下去；如果妈妈悲伤流泪，孩子就会产生幻觉，认为可能是自己伤害了妈妈；孩子如果被痛打一顿，就有可能惊恐万分，产生自己会被毁灭的念头，尤其当他年龄还小、分不清自己和他人的时候，因为此时的他会认为父母的拳头就是在自己发怒后会自然出现的东西。

假如孩子必须将自己的愤怒压抑在心底，即使在他长大成人后，儿时没有排解的焦虑也可能让他担心内心的愤怒会摧毁自己。他坚定地把这种愤怒留存在心底，害怕发泄出来的愤怒可能会将自己炸成碎片！他担心自己因此再也感觉不到精神和肉体的存在。而实际上，只有适当地把愤怒发泄出来，他才能感觉到自我的存在，才能认同自己的身份。

如果父母在孩子的情绪面前无动于衷，把孩子关在房间里任由他哭泣或者让他"到别的地方撒气"，对孩子不管不顾，孩子就会绝望。孩子会因此明白，他的情绪会威胁到自己和父母的关系。他别无选择，不能允许自己切断与父母的关联，因为这关系到他的生存问题——是父母为他提供了栖身之处，是父母为他提供了食物……为了保持这种关系，为了生存，孩子不得不抹去自己的感受，让自己变得麻木和迟钝。

心理学家哈罗德·贝塞尔用一个非常生动形象的例子来解释这个问题："当我们用手劳作时，手上会长茧。茧能起到保护手、防止手上起水泡的作用。当一个人的感情受到伤害时，就会有类似老茧的东西生长出来。这种东西可以保护他，不让即将喷发的怒火伤害到他。但很显然，就像手上长的老茧一样，这种东西既没有原来的皮肤那么敏感，也没有那么柔软。一个完全被感情的老茧所覆盖的人，无法全面、彻底和恰如其分地感知外部世界。"[1]

这是事实。我们在儿童时期就长了一层感情的老茧，它逐渐钝化了我们对世界的感知能力，给我们带来了许多问题。就是这些老茧让我们儿童时期的情绪无法得到宣泄。我们本可以敏锐地感知孩子所体会到的一切，这层老茧却让我们失去了这种能力。

成年人即便无法摆脱感情的老茧对自己的影响，但为了让孩子意识到自我，也要有意识地为了孩子而换位思考，不能让自己的经历先入为主；要体会孩子所有的感受，不要高高在上，不要妄加判断。

大哭、抽泣以及其他发泄情绪的方式都有治疗作用。问题的关键不在于永远不伤害孩子或者永远公正地对待孩子，**而在于让孩子"说话"，为他提供体验情感的空间，让他能在受伤和遭遇不公之后，有机**

---

1. Bessell Harold. Le Développement socio-affectif de l'enfant, éd. Québec: Actualisation, 1987.

**会释放内心的压力。**

## 我的孩子想要安抚奶嘴

安抚奶嘴和其他橡皮奶嘴一样，往往都是在孩子哭泣时用来安抚孩子的工具。它们其实是在压抑孩子的情绪。当孩子哭泣时，父母通常会说："他有安抚奶嘴才能睡着，才能安静下来。"其实，是父母自己不能忍受孩子的哭喊，所以希望孩子闭嘴。父母把安抚奶嘴塞进孩子的嘴里，不是让孩子把紧张的情绪宣泄出来，而是让他把情绪埋藏在内心深处的某一个地方。

事实上，你的小宝宝哭泣，那是因为他有某种感受、某种需求。他在尝试着和你交流，而你把他的需求理解为他需要吮吸，于是给他一个安抚奶嘴。这样，你教会孩子的是：当他有某种情绪时，就需要在嘴里放点儿东西。长此以往，当他情绪波动的时候，是不是就有可能啃指甲呢？

## 这个孩子真省心，总在睡觉

你从来没有听别人说过"很多孩子为了不哭闹而睡觉"这句话吗？当父母不允许孩子哭闹时，睡觉就成为孩子压抑感情需求的方式，一种与压力进行对抗的方式。

当我带着小宝宝去商场时，常常发现他一进去就沉睡不醒，我曾经多次对此感到非常诧异。事实是，我的宝宝在想"太吵了，太压抑了……我要逃避一下"。

睡眠相对较少的孩子，由于紧张而耗费的精力要少一些（因为哭泣让他们得到了放松），所以他们更感兴趣的是自己周围的人和事物。

## 孩子没有情绪！

马蒂厄从来都不哭，什么都不怕，能够一声不吭地接受所有的挫折，所以周围的人都说他很棒、很勇敢。他符合社会对男子气概所要求的理想标准，尤其是他不会打扰成年人！不过，不管怎么样，马蒂厄也是一个人，有着人类共有的情绪。如果他不把自己的情绪表露出来，只能说明他已经学会了压抑自己的情绪，把自己的感受埋藏在内心深处，给自己的内心上了锁。

也许他在模仿父母中的某一方，甚至可能在模仿父母双方；也许他曾经遭受过非常严重的不公正待遇；也许他曾经被留在一旁，无人看管；也许他曾经失去过什么却没能表达出来；也许他察觉到把自己的感受说出来可能会有某种危险；也许他在还是个婴儿时就一直在压抑自己的情绪；也许他难以忍受内心的痛苦，以至于情愿不去体会。总之，他需要他人帮助他从那个壳中走出来，勇敢地让自我得到重生。他越否认自己的痛苦，就越说明他内心的痛苦非常强烈。

朱利安很顺利地度过了弟弟诞生时的敏感期——至少他的父母非常肯定地这么认为。他从来没有对弟弟马克西姆表现出丝毫的嫉妒之情，而是快乐地迎接弟弟的到来，在弟弟身边忙前忙后。除此之外，他的行为没有任何变化。只是，他的父母没有看到的事实是：朱利安不允许自己去体会到底什么是嫉妒。他觉得自己没有权利这么做，这么做也没有任何意义。他扮演着大哥哥的角色，这样他才会被认同、被接受。

当妈妈向亚历山德拉宣布爸爸妈妈要离婚、爸爸要离开的消息时，亚历山德拉没有对此做任何评价。她走进自己的卧室，翻开一本书开始读起来。她的妈妈大大地松了一口气，觉得亚历山德拉坦然接受了这件事。但是，一个人能对父母离婚的消息无动于衷吗？如果父母双方中有一方行为很粗暴，或者双方总是吵个不停，那么孩子的确会希望他们离婚。但亚历山德拉的父母并非如此。他们尽管有分歧，但自始至终都在其他人面前表现得很恩爱。她的妈妈认为，亚历山德拉应该不知道自己与丈夫无法相处下去了。

这就是人们通称的"坦然接受"，也就是掩饰自己的情绪。这样掩饰情绪只会给人带来不良的影响。亚历山德拉给自己"注射了麻醉剂"。当妈妈告诉她爸爸要离开时，她没有任何反应，但她在心里发誓：永远不会爱别人，这样以后才不会受到伤害。

佩德罗动不动就取笑自己的女儿玛丽，但玛丽从来不回嘴。她不会生气，因为她知道如果自己生气了，爸爸就会取笑她太敏感。尽管她爸爸总是声称"我只是说说而已，这又不会有什么不良后果"，但她还是感觉不舒服。"蠢货"和其他贬义词会在她的脑海中不停地回响并打下深深的烙印，好像这就是对她的定义。

有情绪是健康的，而压抑情绪对人是有危害的。孩子可以掩饰自己的情绪，甚至可以让自己全副武装，不去触碰那些情绪，但这样做的代价就是——伤害他的情感和社交能力，并因此降低他的情商。

孩子想体验和表达各种情绪，需要得到父母的允许。父母既可以采取语言告知的方式，即直接告诉孩子他们认同他的情绪；也可以采取非语言的方式，即用实实在在的行为让孩子感觉到这种认同。特别需要注意的是，这种行为也能起到保护孩子的作用。没有人愿意冒着被取笑或被贬低的危险来表达自我。要让孩子信任父母，就必须让孩子确信：我的父母会保护我不受到任何嘲讽。

要让孩子百分之百地信任父母，还需要让孩子相信父母拥有强大的个人力量。这种力量既不是限制他人的力量，也不是用来控制他人或凌驾于他人之上的权力，而是一种内在的安全感以及一种可以亲身体验自己情绪的能力。如果父母看似强大，实际上却在孩子面前掩饰自己的恐惧和痛苦，就不能让孩子感到安心，反而会向他传递一个信息：在生活中，我们就应该这样。强大，并不是要表现得不敏感，而是要表现出自己并不害怕正在体验的情绪。

如果你发现自己的孩子在面对某件事情时没有表现出应该有的情绪，你就应该把事实告诉他。你要帮助他去认知他正在体验的感受："孩子，你现在很生气，因为我没有按照你希望的那样做。"

父母惧怕孩子产生各种情绪吗？为了不让父母尴尬，孩子就不应该表露自己的情绪吗？如果是这样，我们就要帮助孩子卸下这个负担，告诉他："你不用对父母负责，父母的情绪也和你没有关系。"或者告诉他："你妈妈不把她自己的真实情绪表达出来，你害怕她的情绪，这我能理解。不过，别离她远远的，要帮她走出困境。勇敢点儿！"

## 孩子赌气了？

赌气是一种语言，表明赌气的人心存一种痛苦，而且这种痛苦没有被人理解，所以孩子干脆直接把自己封闭起来。

要当心，别让孩子难以从赌气的状态中走出来。比如，不要说"你又在赌气"或者"你什么时候不赌气，什么时候来吃饭"这类话，因为这等于是在强调他赌气的行为毫无意义。因为他赌气而对他说"我可不喜欢看到赌气的孩子"这样的话，等于是在告诉他"我对你的痛苦不感兴趣"。

你可以这样做：

★ 试着发现他在赌气背后隐藏着的真实情绪。你可以对孩子说"我明白，在我对朱莉说……的时候，你觉得受到了伤害"或者"我不给你冰激凌，你真的非常生气"等。

请帮助孩子说出他的感受，比如"你有权利说出让你不开心的事情，知道吗？""的确，这不公平，你可以跟他说说这事！""我不给你冰激凌，你真的很讨厌我！我能理解，知道吗？"等等。

★ 你要表现出自己不是特别在意，当然不是不在意孩子，而是不太在意他把自己封闭起来的行为。你可以装作什么事情都没有发生，该做什么就去做什么。这种不理会要做到干脆利落。绝对不要让孩子赌气好几分钟，否则这种状况会自动持续很长时间。赌气时间越长，孩子越难以安然无恙地从赌气的状态中走出来。所以，年龄较小的孩子赌气几分钟后，你可以走过去温柔地对他说："好了，我的宝贝儿，你还不开心吗？"然后把他抱在怀里并亲吻他，接着很自然地带着他做别的事情。

如果年龄较大的孩子赌气，那就和他一起开展另一项他喜欢的活动，尽量别再提赌气这件事了。

永远不要忘记，应该让孩子找到一个积极的宣泄情绪的出口！不要逼迫孩子带着受辱的情绪从赌气的状态中走出来。羞辱对孩子的心理健康而言绝对是毒药。

## 孩子太乖了吗？

他把弟弟或妹妹照顾得非常周到，难道他从来没有对弟弟妹妹发过火吗？在你看来，他太乖了吗？其实，他很可能觉察到嫉妒是不被允许的或是有风险的情绪，所以正在与嫉妒进行对抗。这种行为实际上是在保护自己，心理学家称之为"反向形成"[1]。他表现出来的情感其实是他真实情感的对立面。他让自己表现得非常友善，是因为不希望自己看起来很"坏"。他无法认同自己内心攻击他人的念头和嫉妒他人的情绪，他会觉得自己不乖，这让他无法接受。他的友善使他无法触碰自己的怒火，并为他树立了"棒小伙"的形象。

要允许他嫉妒或者动怒。告诉他，他有这样的感觉再正常不过，因为这是人的天性。可能的话，请你回忆一下你自己小时候是怎么嫉妒别人的。

儿时的嫉妒情绪如果没有被接纳，就会导致孩子成年后无法与其他人正常相处。如果孩子被关注、被接纳，就能顺利地度过嫉妒的阶段并抛弃嫉妒的情绪，在心理上得到康复。

## 孩子把责任推到别人身上？

如果承认自己有过某种愚蠢的行为或者犯过某个错误，孩子就会觉得自己很坏。他不希望别人这么看自己。他是个好孩子，所以，坏的人是别人。孩子会把自己刚刚做的错事或自己不能承受的情绪转移到自己的兄弟、伙伴或者想象出来的朋友身上，甚至还会推到父母身上。

千万不能让孩子产生愧疚感，因为他的心理非常脆弱，不能容忍自己产生情绪。相反，父母要帮助他强化自己的形象，确切地告诉他：父母会无条件地爱他。也就是说，即使他做了错事（弄坏了玩具、打破了杯子、打了妹妹等），你也会爱他。你可以谴责他的行为，但你在情感上要依然爱他，他永远都是你的孩子。你要让他放心，告诉他任何人都会生气、嫉妒，有时甚至会大发雷霆。

---

1. 反向形成：是自我防御机制的一种，指意识层面产生某种与潜意识欲望完全相反的看法和行为，在心理学上称为"反向形成""反向作用"或"反向行为"。——编者注

很多3~5岁的孩子会臆想出一些朋友，并把自己所做的荒唐事推到他们身上。不要指责孩子撒谎，因为他其实是在尽可能地试着找到一个对自己而言意义重大的、可以排遣愧疚感的出口。要让他坚定地相信你爱他，你对他这个独立的人心怀尊重。不过，你可以（以尊重他的方式）要求他的"朋友"小心点儿，拜托他管好那个臆想中的"朋友"。不要担心，你的孩子知道他的"朋友"确实不存在，即便他坚定地表示这个"朋友"确实存在。而且，他心里非常清楚，你知道他明白这一点……

# 5

# 不要打压，要接受

真心关注孩子的情绪和想法，能够帮助孩子做真正的自己。陪伴孩子意识到自我，首先要真真正正地倾听，而不加任何评判、不提任何建议、不做主观引导，只是让他有机会把自己的感受用语言表达出来，帮助他认识自己，接受他，理解他身上发生的一切。

成年人的大脑已经完全发育成熟，因此有可能控制自己的情绪，而孩子的大脑还没有发育完善。大脑前额叶能帮助我们换位思考，大脑皮质能帮助我们将情绪放在第二位。也就是说，它能帮助我们对情绪进行解释。而对孩子来说，这个区域正在发育之中。大脑边缘系统下指令后，孩子会恐惧、大笑或者哭泣，而不会理性地控制自己。

所以，孩子需要成年人的陪伴，才能不被自己的情绪吞没或者让自己情绪泛滥。成年人不但可以帮助孩子为自己的情绪找到发泄的出口，用社会能够接受的方式来表达自己的需求，还可以帮助他明白一点：把自己的感受表达出来不会有任何危险的后果。所以，当孩子没有精神工具来有效控制自己的感受时，我们一定不要让他独自面对内心的躁动，

87

否则他就会启动自我防御机制——否定情绪、删除情绪、隔离、将错误转嫁他人、反向形成等等。这些防御机制都可以迅速而有效地让孩子不再体会到不好的感觉（即前文提到的"感情的老茧"），但这么做的代价是，孩子今后面对现实的方式就是歪曲篡改。

我们不能让孩子独自一人被内心的"怪物"所控制，而应该陪伴着他。父母要为孩子建立安全感，这是父母的责任之一。

孩子一边在你身上捶打，一边说："我再也不爱你了！"如果你觉得受到了伤害或者因为感到受伤而没有去理解孩子的感受，如果你回答他说"我也不再爱你了"或者"回你自己的房间，等你冷静下来再回来"，孩子就会觉得自己彻底被遗弃了。他需要你，但他表现的方式是捶打你，因为捶打的本质是在寻求身体上的接触；他对着你大喊大叫，实际上是在表达他对你的爱——而你，却把他弃之一旁、不管不顾。

孩子就是孩子，他还不知道如何表述事情的经过。父母的职责在于帮助他用恰当的词语进行表述，而不是和他进行情绪上的较量——成年人可以控制自己的冲动。相对于父母的感受，孩子的感受应该被放在第一位，这是天经地义的事情。

当然，随着孩子逐渐长大，父母也要慢慢抽身离开。但如果父母过早地放弃对孩子情绪的关注，而孩子还不具备学习的能力，他就会身处焦虑之中而束手无策，任由自己受到自我防御机制的摆布。

为了更好地理解上文，让我们想一想婴儿的情况。婴儿还太小，对自我还没有任何意识，因为他刚离开妈妈的身体成为一个独立的个体。成年人知道疼痛感，也就是说，成年人知道自己是独立于疼痛感之外而存在的。而对小婴儿来说，他感到的是：自己很痛。他会完全被绝望感吞噬，并且会非常强烈地需要妈妈的帮助。他需要妈妈陪伴在他身边，对他说话，他需要妈妈的爱，需要妈妈把他紧紧地抱着！他对自己的身体和心理的界限意识还很模糊，所以如果妈妈紧紧地抱着他，这种接触就会让他感受到被接纳并感到安心。

孩子总是处于他正在经历的那个时刻，还没有展望未来的能力。如果眼前正在经历的事情让他感到较大的压力，那么这件事对他来说就显得不可逾越。他不"明白"疼痛会过去、怒火会熄灭，自己还可以重新找回舒适的感觉，因为他还太小，容易被情绪淹没。我们成年人则知道眼前的一切都将烟消云散。

孩子产生某种情绪时需要感觉到父母是可靠的，还需要看到父母也会产生各种情绪，甚至会产生一些更加强烈的情绪，但这些情绪并没有将父母毁掉。

现在，你是怎么想的？在孩子哭泣的时候，你觉得是应该把他抱在怀里，还是不要冒把他"宠坏"的风险呢？

## 孩子哭了，我们应该赶紧去安慰吗？

一个新生儿哭了，因为他饿了。如果妈妈在90秒内做出回应，他就会在5秒内安静下来；如果妈妈在5分钟后再理会他，那么他需要50秒才能停止哭泣。

如果把妈妈回应的时间乘以2，那么孩子哭泣的时间就需要乘以10。

你让他等待的时间越长，他在内心进行重新建构就会变得越困难。

婴儿哭泣却没有人理会，会发生什么情况呢？他没有能力对自己说"一切都会过去的"，他只知道全身上下都不舒服；他没法告诉自己妈妈过会儿就会来，妈妈得洗碗、打电话，然后还要做别的事情，而他整个人都感觉很不舒服。可是，没有人理他，那个本应该解救他、保护他的妈妈并没有解救和保护他。所以，妈妈有着让他感觉不舒服的力量！婴儿可能认为妈妈比较危险，于是再也不会信任妈妈了。但是，这怎么可能？一个人怎么可能不信任自己的妈妈呢？妈妈难道不是自己赖以生存的人吗？所以，婴儿依然信任自己的妈妈，但他的内在感知变样了；他把自己的痛苦和各种情绪定位为无用的东西，他认为这些东西才是危险的！他对妈妈的依赖感会与日俱增，因为他已经遗失了自己内在的方向，妈妈才是知道他需要什么、什么时候有需求的那个人。

相反，如果父母向孩子表示，不管他产生什么样的情绪，父母都会爱他，那么孩子就会明白：情绪并不可怕。因为，他的父母无论何时都能理解自己，时刻准备着倾听自己的情绪，去了解这些情绪真正要表达的是什么。这样，孩子才能逐渐形成一种观念，那就是：自己永远都是自己；伤心也好、快乐也好、生气也好，他一直都是同一个小男孩或小女孩。

## 孩子产生情绪时，我们该怎么办？

当一个孩子产生某种情绪时，你可能会问：**"我怎么做才能帮助他意识到他究竟怎么了呢？"**

对于新生儿来说，你需要以最快的速度去解决问题，要尽快看看他需要什么并且满足他的需求。他比医生或钟表更清楚自己是不是饿了。请你陪着他把所有的情绪都表达出来。如果他的生理需求已经得到了满足，那么问题可能来自心理层面。请你用心去倾听，让他向你倾诉他的不满、表达他的抗议和绝望。

孩子年龄越大，掌控自己情绪的能力就越强。此时，在赶去解决问题之前，你可以稍等片刻，观察一下他如何面对自己正在经历的事情。

如果他没有向你寻求任何帮助，那就相信他有能力自己解决。

请给孩子一个发泄情绪的空间。大多数父母通常会先"安慰"孩子，但我会尽量克制自己。如果我的孩子哭了，我会在安慰他之前尽量关注他的情绪："我发现了，你不舒服！"如果他真的很伤心，我甚至会鼓励他哭出来："哭吧，我的宝贝，大声哭，握紧我的手。你觉得痛就哭吧！"

绝对要避免提"为什么"这样的问题。"你为什么哭？"这个问题可能会让孩子觉得提问的人是在指责或者贬低自己，让孩子认为这个问题隐含的意思是：你哭得毫无理由。况且，孩子需要针对这个问题进行思考，可他在那种状况下根本没有心思去思考。在用语言表达之前，他需要发泄情绪。而且我们知道，如果我们问"你为什么哭"，听起来就像在尽力为他解决问题并为他提出一些解决方案，而他其实并不需要解决方案。他很可能有能力独自面对问题，**只是需要别人理解自己的情绪罢了**。

不要问"为什么"，而要试着问"发生什么事情了"或者"你感觉怎么样"，这些问题才能触及孩子的内心。

## 共情式的倾听

所谓共情，就是把孩子刚刚告诉你的事情过滤一遍，同时要抓住事件中有意义的一些东西，比如情绪、情感或者欲望。问题的关键不仅仅是听孩子说了什么，也不仅仅是去理解他到底为什么说这些话，而是要关注孩子的内心活动。

**不要将目光放在事件本身。请你陪着你的孩子，而不是追究一些表面的原因。**

如果孩子说："我不想睡觉！"

你就回答："你一点儿也不想睡觉！"

而不要说："如果你希望明天有精神，现在就得睡觉了。"

你可以接着这么说："你的确有权利不想睡觉，你可能还希望接着玩，我能理解。"但说话的同时，请继续帮助他躺下睡觉……

你不相信这么做可以奏效吗？那就试试吧。如果你和孩子已经习惯了相互较量的交流模式，那么在最开始的几天里，孩子很有可能产生抗拒心理。不过，睡得稍微晚一点儿就真的那么严重吗？要让孩子学会按照自己的节奏来生活，而入睡的时间稍微有些不规律有时具有非同寻常的意义。当他明白你尊重他的感觉、不跟他进行拉锯战时，他就会学着去感觉自己的疲惫，也会更容易在适合的时间上床睡觉。往往当我们信任自己的孩子时，才知道什么最适合孩子，除非我们非要跟他较量谁更厉害。

要注意，在你做自我调整时，你内心的姿态比你的外在语言更重要。你说的话即使从语法上看非常完美，从内容上看准确描述了孩子的亲身经历，也可能对孩子完全不起作用。问题的关键在于**共情**。你要表现出你在进行**共情式的倾听**！也就是说，对孩子表述的一切，你要在情感上与之产生共鸣，要在特定的时刻进行换位思考，去体会他的感受，去倾听他内心的声音。

"妈妈，我该去踢球，还是去学习呢？"

"你在犹豫。你觉得呢？"

"我不想去参加数学测验。"

"你很担心……"

换种方式对话，不妄下结论、不进行评价、不介入事件本身，你要做的只是认同孩子的情绪，这样孩子才会觉得自己被接纳和被重视。他因此得到的体会就是：他有权利通过自己进行体验和表达，他可以信任自己的感觉。

你可能想象不到这种态度会为你、为孩子、为你们的关系带来什么样的好处。

不过，你还要尊重孩子心中的秘密。不惜一切代价去了解孩子的秘密没有任何好处。不要逼孩子说出秘密，这一点非常重要。总而言之，过和不及，两者都不好。

时时刻刻、事无巨细地关注孩子也可能带来负面效应，会让孩子为了防止他人总是侵入自己的内心世界而变得有依赖性或者咄咄逼人。你要对自己的孩子有信心。你的任务不是帮他找到解决问题的方案或者扫除道路前方的障碍，而是为他提供资源或者帮助他树立信心，让他相信无论面对什么境况，自己都有能力找到解决问题的方案。

另外，我们也不要总强迫自己解读孩子的想法或者读懂孩子的言行，因为我们会启动具有攻击性的防御机制，会受到自己情绪的感染。有时，我们应该试图站在孩子的角度去思考问题。解读孩子情绪的前提就是尊重孩子的感受，允许他的感受与我们自己的感受有细微差别。根据自己的感受来诠释孩子的感受，有可能再一次把孩子圈在一个定义之中，而不是真正地理解他。

总之，陪着孩子体会各种感受和陪其他任何人并没有本质区别，你只需要表现出你和他拥有共同的情感，并且站在孩子的角度，设身处地地体会对方的感受。任何人性化的东西对人来说都不陌生。你自己曾经也是个孩子，所以你可以理解他身上所发生的一切。

要当心，不要把事情过度"心理学化"。并非所有的心理冲突都需要用语言表达出来，况且这么做也是远远不够的。与孩子进行身体接触、爱抚孩子、满足孩子的需求等回应方式才是根本和有效的。我们不需要时时刻刻都对孩子的行为做出解释，而是在他需要帮助的时候（当孩子需要我们帮助他从一个无路可走的境况里走出来或者当他面对一件痛苦的事情时）才这样做。

> **当孩子情绪激动时，陪伴孩子的步骤**
>
> ★用眼神而不是用语言来接纳孩子。将自己的呼吸频率调整得和孩子的一样，调整自己的心态。
>
> 如有必要，把孩子抱在怀里。
>
> ★把孩子的感受描述出来：
>
> "我看你很生气！""哦，你很伤心！""你被吓到了！"
>
> ★让孩子把情绪完全发泄出来。
>
> ★等孩子的呼吸重新恢复正常时，开始和他对话。

当然，这种共情式的倾听方式有可能让你直接触碰自己的情绪，唤起你自己曾经的缺失和悲痛。

当我们自己不懂得用正确的方式发泄怒气时，就很难尊重孩子的情绪。同样，如果我们曾经在绝望时没有得到父母的理解，那么当我们强烈地感受到孩子的悲痛时，也基本上不可能把他抱在怀里。

然而，如果你的孩子不能吐露真实的心声，他最终会转身离开，甚至切断和你之间的联系。除非经历了非常严重的伤痛，否则他和你将永远是两条不相交的平行线！

许多父母都不理解，为什么自己"为孩子奉献了一切"，孩子长大成人后却连多看他们一眼都不愿意。或许他们忘了，尊重孩子，首先就要尊重他们的情绪。

### 6

# "他总是哭哭啼啼，我烦透了！"

有时，孩子的情绪波动会让你十分生气。这其中可能有几个原因：

因为你已经很疲惫了，孩子发泄情绪让你觉得很吵。

你也有情绪和需求，但你没有意识到这一点，于是觉得自己和孩子形成了对抗的态势。

孩子发泄情绪没有具体的原因，因为那只是一种表面的发泄，掩盖了他的真实情绪。

孩子发泄的情绪是你不允许自己产生的。

孩子发泄的情绪唤起了你儿时的某些回忆。

## "受够了，我受够了！"

当孩子因为一点儿小事哭闹时，他很可能是累了。对成年人而言，情况也一样。如果父母因为一点儿小事就发火（成年人更愿意选择发火这种方式，而不是哭泣），他们也可能只是因为累了！

太多的父母拒绝承认自己很累。他们想付出更多：洗碗、洗衣服、给孩子读故事、陪孩子玩芭比娃娃、做"好父母"。这样一来，他们迟早会爆发，往往一个打碎的盘子或者一件拖在地上的小短裤就会让他们大发雷霆。

承认自己很疲惫并向孩子明确表达这一点，可以让孩子明白你发火的真正原因。**并不是孩子本身"让人无法忍受"，而是你的忍耐是有限度的。**你对吵闹声和混乱环境的忍耐度降低了。你需要安静一下，休息一下。

## 当一种情绪背后隐藏着另一种情绪时

当玛尔特因为身上的裙子把自己裹得严严实实而不停抽泣时，当奥利弗见到奶奶那并不凶悍的小狗而惊恐万分时，当皮埃尔为一个不值钱的小玩意儿对弟弟发火时，你是不是非常生气？

请听听你的直觉告诉了你什么。其实，你是因为孩子不合理的情绪才有这样的反应。玛尔特真正的感受是生气；奥利弗的恐惧背后隐藏着另一种恐惧，那就是他要离开妈妈去奶奶家住好几天，他一想到见不到妈妈就很难过，但又不敢对此表示反对；皮埃尔很担心自己的数学考试成绩。你的烦躁表明，表面的情绪背后其实隐藏着另一种情绪、另一种伤害、另一个问题和另一种缺失，等待着你去辨识。

当人们不能真实地表达自己的情绪时，就可能会把情绪转化成另一种样子，或者转移到替代品上（比如一只狗、一只蜗牛或数学考试等），而且各种情绪之间会进行互换。这样一来，真实情绪就会被掩盖，真实需求也因为无法表述清楚而不为人知了。

## 你从不流露感情吗？

如果你从来不允许自己对父亲说个"不"字，那你怎么能够忍受自己的女儿发脾气时大喊大叫呢？如果你从来没有痛快地流过眼泪，又怎么能够接受自己的儿子哭泣呢？

一位从来不流露感情的父亲，往往会希望儿子和自己一样"坚强"；一位从来不流露感情的母亲，面对自己女儿的哭喊时，会觉得非常难应付……

你是否禁止自己的孩子发泄他的某种情绪？这种情绪也正是你父母不允许你发泄的？或者说，因为这种情绪对你来说似乎会带来某种风险，因此你把它埋藏在心底了。接纳你的儿子或女儿，这和你儿时在潜意识里所做的决定是背道而驰的，因为这会逼迫你重新反思自己从父母那里受到的教育，即为了保护自己作为父母的形象而不去理解孩子。

## 孩子没有权利生气吗？

你的儿子本来希望在面条里加番茄酱，你却给了他黄油，于是他咆哮起来；你的儿子对自己的历史老师和地理老师满腹怨言，因为他们留的作业太多了；你的女儿朝哥哥大吼，因为他把音响声开到最大……平常你都很有耐心，但今天，情况变了：你暴跳如雷，你失去了理智。

因为某种原因，你生气了。你可能在内心抱怨自己的丈夫只顾悠闲地看着报纸，却把什么都丢给你来处理；你的妻子只做看起来正确的事情，这让你颇有怨言；你对公司老板、水管工、自己的母亲有意见……你的孩子就是点燃怒火的小火星，就是让花瓶里的水溢出来的最后一滴水——于是，你把怒火朝这个小罪人身上撒！

是面条让他不满意吗？你的动机可要比番茄酱、历史作业和地理作业以及音响之类的理由更能激起孩子的情绪！

我们会惊奇地发现，我们竟然没有发现属于我们自己的情绪。可是，就在我们无缘无故地对着孩子发怒的时候，这种情绪却被我们意识到了。应该说，在大多数情况下，是孩子激怒了我们。就在我们不想让人招惹的那一天，孩子却显得尤其惹人烦，这是否纯属巧合？他看起来就像在故意挑起事端。是的，孩子对父母的感受极其敏感。因为某种心灵感应，孩子能够捕捉到一些父母没有表现出来的情绪和压力。因为感觉不安，孩子会借机挑衅爸爸或妈妈，让他们把压力和怒火发泄出来，直到他们自己感觉被解放了为止。

"别人都会认为他们是在怂恿我朝他们大吼大叫！"瓦莱丽对这一点非常惊讶。

父母对自己情绪的意识程度越低，他们的孩子就越有可能把发泄情绪当作自己的责任；他会试着让自己把情绪发泄出来，或者借机让父母发泄出来。

你是否对孩子的某个愿望或某种行为感到非常恼火？你是否无法理解自己的孩子为何哭泣，无法理解大儿子为何发火或者大女儿为何失望？你是否在责骂他们的时候控制不住自己？

如果你有这些表现，请对自己提出以下几个问题：此刻我有什么理由生气？在我的生命中，是否有过缺失、受挫或者无能为力的感觉？我是否曾经受到过伤害？我是否有自己无法解决的问题？

## "他这么做时，我就会变得很粗暴。"

"当保尔和阿莉亚唤起我儿时的回忆时，我控制自己的能力就会变差。"

"你把汤喝掉!"妈妈马蒂娜正在大发雷霆。雷米把碗一推,碗旋转着滑出了桌面。于是,汤洒得到处都是,而且溅到了正在发火的马蒂娜身上。她一把抓住雷米,在他屁股上打了一巴掌,完全把他当成一个"坏孩子"和"爱捣蛋的孩子"一样对待。

后来,马蒂娜对我说出了心里话:"我觉得是我母亲的暴力吞噬了我。"

这到底是怎么回事呢?雷米平时吃东西时表现得非常乖。而那天,当马蒂娜筋疲力尽时,雷米感觉到了她的紧张。于是,和所有孩子一样,他也被自己的情绪需要给调动了起来。接着,他给了妈妈一个机会,让她把内心的怒火发泄出来,让她得到了释放。

马蒂娜明显感到自己被一股怒火吞噬了。她又一次体会到了自己母亲的粗暴,但这一次,粗暴的不是别人,而是她自己。当她还是个孩子时,她是受害者;当她成为母亲之后,她却扮演了施暴者的角色,她的孩子雷米则变成了受害者。马蒂娜的母亲不能容忍自己的女儿不听从自己的命令,于是马蒂娜也变得脾气暴躁,还会打孩子。

宝拉有个两岁半的儿子。他们在公园广场玩了几分钟后,宝拉终于忍无可忍了。虽然她每个星期四都会陪儿子来这里,但她因为自己和儿子在一起时感到毫无乐趣而心生愧疚。她每个星期都会请一天假来陪伴儿子,并且把每个晚上和周末的时间都用来陪伴他。她越是因为和儿子在一起感到无聊而生自己的气,就越想多花点儿时间和儿子在一起。

她和儿子在一起为什么会感到无聊呢?有无聊这种感觉说明宝拉压抑了自己的情绪,她在自己的情绪箱上盖了一个盖子,让自己无法感受到这种无聊(请参看《青年情商养护基本方案》)。那么,这些被掩盖的情绪的本质是什么？它们来自哪里？

宝拉的父母从来没有陪她一起玩过。无论父亲还是母亲，她都想不起自己和他们有过快乐的亲密时光。而且，她还拒绝承认自己对此感到非常痛苦。她对自己说，事情本来就该这样。事实上，当她还是一个小女孩时的情绪被否定了之后，她就失去了她本来应该具有的、和自己的儿子一起玩耍和开心的能力。

为了补偿，宝拉为孩子做了很多事情，就想让他开心快乐。她带孩子去公园广场，带他去坐旋转木马……她把自己的情绪埋藏在心底，拒绝让自己曾经遭受的挫折感出现。可当她回到家，潜意识里的愤怒就会牵引着她做出某些具有破坏性的事情。比如，她连想都不想就把羊绒衫扔进洗衣机，等羊绒衫缩水起球后，她又会产生一种罪恶感。她用自己性格中具有挑衅性的那一面来针对自己，迫使自己感到愧疚——这是专属于她的一种处理方式。

无论哪位母亲或父亲都能通过自己的孩子重新体验自己童年时期体验过的某种感受。也正因为如此，他们才会产生各种各样的问题。比如，把自己经历过的事情投射在孩子身上，重新激活曾经深埋心底的痛苦感受。童年时期仇恨的冲动再次涌动，嫉妒、难言之隐、家庭秘闻、屈辱或受挫的回忆、羞耻和内疚的感觉等等，所有过去的一切都还在那里，但是往往没有被他们意识到，这让他们在面对自己的孩子时无法采取最恰当的方式来处理事情。

假如这种过往的经历不能得到修复，父母就会自动套用自己的父母过去对待自己的方式，哪怕这种方式可能具有强迫性。

当父母对我们采取过的粗暴的，甚至具有虐待倾向的行为又被我们用在自己的孩子身上时，我们其实是为了把痛苦埋藏在内心深处更隐秘的地方，是为了不去肯定这种痛苦的存在；如果我们和我们的父母做法一样，那是因为这种做法对我们产生了积极的作用，并没有伤害我们。这种心理机制很复杂。把自己定位为有暴力倾向的父母其实是在潜意识里努力理解自己曾经经历过的一切，并把自己曾经遭受过的痛苦报复在另一个人身上；这是一种让自己内心大量被压抑的怒火得到释放的方式。这种报复的实施对象是一个替代者——自己的孩子或者其他任何一个脆弱并依赖自己的人。这样的父母并不是真正意义上的罪犯，所以这种报复会一直持续下去，很难停止。

有些父母意识到自己曾经受过的精神创伤并且尽力采取和自己的父母截然相反的教育方式，还有些父母对孩子心存歉意并在孩子面前表现得比较软弱。但在大多数情况下，我们还是会发现——即便如此，结果还是一样。事情的相反面永远不会是一张牌的另一面。和自己父母的做法"完全相反"，这依然是在根据自己的意愿行事，而不是在理解自己孩子的基础上行事。

## 让童年时期的痛苦得到修复

理解孩子的唯一途径就是让自己童年时期的痛苦得到修复。要把自己从以往的痛苦中解救出来，我们就需要释放自己的情绪。我们的父母没有关注过我们的情感需求，没有倾听过我们的恐惧和愤怒，我们因此受到的伤害会因为我们没有哭出来而依然埋藏在内心深处。我们甚至可能不确定到底是什么伤害了我们，是什么让我们感到不公，因为我们的父母曾经对我们声称，那么做是"为你好"。但是，没有证人去复原当时的情景，而我们已经把所有的情绪都埋藏在了内心深处。可如今，当我们面对自己的孩子时，这些情绪又跑了出来。

为了治愈自己，我们要审视自己在孩提时代发生的一切真实事件，不要再将自己的父母理想化，要敢于承认：他们曾经对我造成了伤害，曾经不公平地对待我。让自己回忆过往，给自己权利去体验童年时期的感受，因为在以前，这些感受我们甚至连碰都没有碰过一下。

当你能够在遭遇不公时表明自己很生气，当你能够为童年时期的自己留下同情的眼泪时，你就能够真正地理解自己的孩子了。

孩子是否在你内心深处唤起了一种难以忍受的感觉？如果是，那就是你内心的症结所在。你可以战胜它——你只需要勇敢地面对渐渐浮现在眼前的回忆，理解你内心深处那童年时期的自己，给予他一些他从来没有得到过的东西，给予他关注，在情感上支持他。请找回你还是个小男孩或小女孩时的一些画面，请你在内心为他/她保留一片天地。

你，身为成年人的你，请想象一下：你要把童年时期的那个你重新找回来。如果过去的你和现在的你相遇，情况会怎样？成年的你坐在童年时期的你身边，倾听并爱抚他。这个成年人理解这个孩子，这个成年人爱着这个孩子。

进行这项修复工作时，你可以寻求心理医生的帮助，让他陪伴你。或者，你可以听听能够让你放松的音乐，帮助你回忆过去并最终修复过去。

# 第四章

## 恐 惧

当摩天轮快要转动时，一个8岁的小女孩哭了："我不想上去，我害怕！"

"这没什么危险。来吧，别像个小老鼠似的畏畏缩缩。你不会让我们扫兴吧！"

小女孩的哭声大了两倍。一位正在排队的男士插话了："她有权利哭，你也没必要扫自己的兴。你去吧，让她在这里等你。"

小女孩的脸上露出了大大的笑容。有人理解她了！她的家人都登上了摩天轮，而她就站在地上看着家人，还找到了一个小女孩做伴，一起聊天。她的脸上洋溢着喜悦之情。

被逼着挑战困难是没有意义的。一般来说，这么做只会让恐惧感更强烈。要帮助一个人战胜恐惧，无论他是孩子还是成年人，都需要很长时间，等待恐惧让位于那个人自己的意愿。如果战胜恐惧的决定来自你，那么孩子即便敢于挑战恐惧，那也只是因为他依赖你，而不是源于他自己的选择和决定。既然他没有调动自己的能量，对此就不会有责任感，因此依赖他人只会增加他的恐惧感。

◆ 1 ◆

# 我们应该理解孩子的恐惧吗？

沙滩上，两岁的托马吓得肌肉紧绷。他拒绝入水，就算让他带着那个漂亮的小鸭子救生圈也不行。他爸爸还花了很多钱租了一艘非常帅气的充气船，但当他试着把托马放到充气船上时，托马却歇斯底里地喊叫起来。

托马的父母一想到能和自己的小天使戏水玩耍就非常开心，为此还买了各种漂亮的、五颜六色的玩具。可是，这个孩子连脚底沾点儿水都惊恐万分，更不敢登上不平稳的充气船。孩子很难明白，为什么自己的父母费尽全力地讲那么多道理，就是为了让自己陷入如此不适的境地。

对这对父母来说，孩子的表现多么令人沮丧啊！而对有些父母来说，这样的情况简直就能让他们火冒三丈！孩子达不到自己的期望，这让他们不能忍受，因而变得咄咄逼人。他们很不理解："去年你对玩水简直爱得不得了！"然后，看看那些开心地在海边跳着、在海里游泳、溅起阵阵水花的孩子们，再看看那些孩子的父母，他们充满了羡慕和嫉妒之情。

105

有些父母并不知道自己的孩子心里到底有多害怕，他们认为孩子的表现和本性不符，所以即使孩子撕心裂肺地哭喊，他们还是会把孩子扔进水里。

我们为什么不能慢慢来呢？为什么不让孩子按照自己的速度来熟悉这个奇怪的、叫作水的东西呢？难道我们是为了向其他父母炫耀自己的孩子已经会游泳了？还是说，我们自己不想当"胆小鬼"的父母？

粗暴地对待一个孩子并不能迅速而有效地帮助他战胜恐惧，反而可能对他造成长期的不良影响。

"我的儿子？他什么都不怕。"一个声称自己什么都不怕的孩子其实很害怕自己的恐惧情绪，他情愿不去体验"恐惧"这种感受。他把恐惧埋藏在潜意识的最深处，但它迟早会浮出水面，而且表现形式多多少少会有些变形和错位。一个孩子会害怕，这很自然，也很正常。但重要的是，我们成年人不要过分地逼迫孩子变得"勇敢"。

阿伦平时会咬自己的指甲，有时晚上会突然从床上跳起来，并且发出呼呼的声音，但他认为这并不是因为他焦虑。他认为事情很简单——自己生来如此。恐惧对他来说很陌生，因为他有过太多冒险的经历。他钟爱刺激冒险的运动，喜欢去战火纷飞的国家历险，爱看悬疑电影。总而言之，他离恐惧很近，但他从没有感觉到恐惧。让大多数人战战兢兢的恐怖情境对他来说就像家常便饭。但是，他经常咬自己的指甲！他40岁时开始进行治疗，希望能够找到方法来改变这种行为。于是，他发现了自己内心的焦虑，这种焦虑让他非常惊讶——这和他一直以来的形象并不相符。当他认同这个陌生的事实后，他开始回想起，当他还是个小男孩时，他的父母对他缺乏关注，而他因为缺少交流而悲伤、痛苦，感到无比孤独。这种能够将他吞噬的巨大恐惧让他目瞪口呆，他开始意识到：他曾经非常害怕，以至于干脆不去触碰这种恐惧。他有意地抹去所有的恐惧，为的就是感觉到自己的存在。一方面，他必须寻找一些能感知自我存在的感觉，另一方面，他必须不停歇地考验自己在面临恐惧时拥有怎样的自控能力。而催促他去冒险的，就是被他埋藏在潜意识深处的恐惧。

当他允许自己体验内心深处存在已久（当他还是孩子时就有了）的恐惧时，尤其是当他允许自己把内心的恐惧表现出来时，他明显感到自己被释放了。让他妻子感到安慰的是，他晚上呼吸得更加平稳了，睡着后再也不会突然从床上跳起来。还有，他再也不咬指甲了——那些证明他压抑自己情绪的行为明显减少了。

**那些心存恐惧却不被成年人认同的孩子，长大后不会成为开朗和勇敢的人。**当然，他们会否认一切恐惧的感觉，并且变得鲁莽冒失。所以，他们可能越来越爱冒险，为的是最终体验到某种感觉、测试一下自己的控制能力以及他们对自己的掌控能力。

但是，他们也有可能在生活中雷厉风行，同时使用安定片（用于镇静、抗焦虑的药物）或其他法律允许使用的药物，用这种方式把不被允许说出来的焦虑扼杀在摇篮中，因此他们很难摆脱这种焦虑。

最后，他们可能很难做到全情投入一段感情，很难与人保持亲密的关系。连他们的父母都表现得冷漠无情，他们如何能信任别人？他们认为任何依赖他人的行为都有危险，这让他们还如何敢爱？

此外，当他们的怒火不被允许发泄出来时，他们会在进行自我保护的同时表现出一种具有恐惧症特征的反应。他们会对恐惧设定界限并在某一种东西上集中投射自己的恐惧，这种东西可能是最初让他们产生恐惧的根源，比如说他们曾经被扔进去的水、曾经被大人威胁过要把他们关进去的小黑屋或地下室，甚至某个他们已经被关过的空间。这个投射恐惧的对象也可能是另外一种东西，比如电梯、某种交通工具、一只猫、一条蛇，等等。

人可能会使用药物来美化、否定和扼杀恐惧这种感觉，也可能把恐惧投射到外部世界或者去侵害他人。不管怎样，如果孩子的情绪被我们否定了，那么他将来就会被恐惧的感觉纠缠而无法脱身。

然而，**恐惧有它存在的理由，这个理由即使在成年人看来也晦涩难懂**。恐惧需要被尊重、被理解、被接纳。一个勇敢的人，不是无法感知恐惧的人，而是能够体会内心的恐惧，承认它、接受它并因此获得恐惧为他带来的经验的人。不表现出恐惧的感觉很有危害。从根本上来说，恐惧的情绪是极其健康的。它能告知我们有危险存在，能调动我们身体的能量来面对恐惧，能教会我们在未知的事物面前做好准备。它是自然的东西，等着我们去体验、去利用。

即使这样，也依然存在着一些不合常理、与情境不符、令人窒息或者麻痹人的恐惧形式，而这些形式确实对我们毫无益处。无论如何，我们都需要把这些恐惧当作某种信息去揣摩，因为它们在诉说着孩子的某些心里话，或者换句话说，你的孩子正尝试通过它们向你传达某种信息。

**有些恐惧是健康的，有些恐惧则有些过激且错位了；有些恐惧需要我们勇敢跨越，有些恐惧则需要我们坦然接受。不过，所有恐惧的感觉都需要我们予以尊重和理解。**

# 2

# 最常见的几种恐惧

所有人或多或少都在童年时期对各种不同而典型的事物产生过恐惧感，让我们来一一列举：对降落的恐惧、对高分贝噪声的恐惧、对不熟悉面孔的恐惧、对分离的恐惧以及对洗澡、眼睛进水、黑暗、狼、幽灵、巫婆和某些恐龙的恐惧……这些恐惧的感觉出现后又会消失，反映了孩子各心理阶段的成熟程度。有些恐惧对于某个年龄段的孩子来说是正常的，但如果某些恐惧太强烈，以至于影响到孩子的正常生活并且持续时间很长，那就是一个问题。

让我们一起看看最普遍的几种恐惧吧[1]！

## 高分贝的噪声

高分贝的噪声会让成年人吓一跳。而对小孩来说，高分贝的噪声真的能让他恐慌不安。我个人认为，这种反应似乎是"人"这种物种进行自我保护的条件反射。噪声其实表明存在着潜在的危险，也在警告人们

---

1. 分离焦虑将在第九章第 2 节中谈到，见第 216 页。——作者注

应该逃走。但小孩单靠自己无法逃跑，于是会大声哭闹。

露西20个月大的时候，邻居家正在装修，于是噪声突然响起，而且震耳欲聋！可能有人在使用电钻，墙壁似乎都在颤抖。这种声音让露西惊恐万分。她大声叫着，手脚胡乱挥舞，泪流满面。

她的妈妈把露西抱在怀里，迅速离开产生噪声的地方。到了安静一些的地方后，她把露西紧贴在自己的前胸抱着，接纳了女儿紧张的情绪。她温情脉脉地任由露西哭个痛快，并把自己的呼吸频率调整得和她一样，然后温柔地在露西耳边说："你被吓到了，这声音太大了！我也被那声音吓到了（这是真的）。我们毫无准备的时候很容易受到惊吓。突然听到这种声音，谁都会奇怪到底发生了什么事情。你想知道是什么东西发出的声音吗？"

"不想。"小露西在抽泣的间隙回答妈妈。

"你想看看那是什么东西吗？"

"不想。"

妈妈有点儿心急了。露西还处于非常害怕的状态，还没有勇气面对发出噪声的源头。于是，妈妈向她解释了装修的过程，对她说工人正在做什么，为什么工人没有碰到她们的房子，但房子依然会这样振动。

因为装修工程要持续半个月，她们不可能总是在白天待在公园广场或者其他地方，所以，赋予露西力量来面对这种恐惧非常重要。露西和妈妈开始对着发出噪声的那面墙大叫："别吵了，你打扰我了！"当然，这样做并不会让噪声降低，但这改变了露西的感受。**把愤怒表达出来，显示自己拥有的力量，这能够降低恐惧感的强度。**

在装修工程结束后近一个月的时间里，露西对任何声音都非常关注。如果有只狗在远处咆哮，她就会说："狗让我害怕。"说这句话时，她其实并不期待任何回应，而只希望自己的感受得到接纳——她害怕这个声音。**回忆一下，我们以往的生活中是否存在着某种噪声和某种恐惧，并根据自己的需求针对这个话题谈一谈——这么做能促进自我的重新建构，在内心建立起安全感。**露西就是这样学会了管理自己的情绪。

## 害怕入睡

阳光透过百叶窗洒进卧室，在壁纸上留下了斑驳的印记；明亮的路灯照着街边的树木，风儿吹得树枝摇曳晃动。这些移动着的影子可能会让孩子毛骨悚然，因为他并不知道那到底是什么。一位父亲把自己的小儿子抱在怀里，拨开了百叶窗，和孩子一起看着路灯下随风晃动的树枝，看了很长时间。然后，他们合上百叶窗，观察起影子来。几分钟后，父亲在孩子身边躺下，孩子再次进入了梦乡。

我们要进入梦乡，就需要感觉到自己很安全。如果孩子在呼唤我们，我们就要去看看他，这能给他带来一种安全感。孩子会因此知道，父母是可以信任的对象。我们可以打开一盏小夜灯，让孩子更容易地感知自己所处的空间，让他在半夜醒来时能清楚地看到某个物品实实在在的轮廓。但即使这样，夜灯还是无法替代父母的陪伴。

入睡，也就是放松对自我的约束，任由自己自然地进入另一个世界。在这个世界之中，我们或许能做个好梦，当然也有可能做噩梦……但不管怎样，我们都希望在这种状态下有人能够陪伴左右。

讲完故事后，给孩子传达一条信息能够帮助孩子建立安全感，保证他好好睡一整晚，那就是抚摸并拥抱他。这样做会让孩子认为自己被接纳了。让孩子感觉到自己身体的轮廓，能使他安心。

在入睡前这一特殊时段，我们可以让孩子讲讲白天发生的事情，让他为没有完成的故事"画上句号",对悬而未决的问题做个了结,将内心的困扰放心地说给父母听。

他会做噩梦吗?卧室里的某样东西在晚上是不是看起来会变形?小夜灯是不是照出了让他感到害怕的影子?

我们对此要多加注意。也许孩子只是想对你说,他需要你在身边陪着他。这并不是"耍性子",而是在表达他自己的需求!你在他身边躺几分钟,他就能从你这里获得安全感,这种安全感将陪伴他一生。如果你拒绝满足他的需求,强迫他独自面对黑暗、独自入睡,当然,他能够自己学着入睡,但这需要他使用内在的心理能量。这样一来,他就不能使用心理能量来获得其他能力了。被遗弃的焦虑感如果被孩子压抑在心底的话,其主要后果可能就是语言习得的延迟、口齿不清或者无法发出某些音节,等等。

深夜因为极度恐惧而醒来的孩子在告诉我们:他白天有些情绪没有处理好。

## 害怕童话故事

两岁半的玛戈深夜醒来大哭大叫,说她害怕狼。我发现,她奶奶白天送给她的一本故事书里讲述了一只狼想吃小羊羔的故事。我给她讲这个故事时非常缓慢,边讲边解释每个细节,然后我对她说,我不喜欢这个吓人的故事。我们应该怎样处理这本书呢?我提出了四条建议:保存它、烧了它、撕了它或把它扔进垃圾桶。她想了想,然后坚定地做出了选择:"咱们撕了它吧!"她是有意这么做的,因为"这样做,我就把狼撕成很小的碎片了,这样它就不能吃小羊羔了"。

传统的童话故事往往非常暴力,它们反映的是作者所处的那个时代的情景；那时的大人为了让孩子顺从听话，就用故事来吓他们。只要听听过去的童谣，我们就能大概了解在当时的大多数家庭中弥漫着怎样的氛围：

"睡吧，我的小宝贝，否则坏叔叔会把你吃了。睡吧，我的小美人，睡吧，小宝贝。你以为那是铁链拖着小石块发出的声音吗？其实那是巨大的鲁斯图克鲁吃人怪兽在走来又走去，走来又走去。他要把所有不睡觉的小孩放进褡裢里带走。这穿透窗棂的可怕声音到底是什么发出来的？不，这可不是暴风雨在和小石子儿嬉戏，这是巨大的鲁斯图克鲁吃人怪兽在咆哮。他咆哮着，就等着把那些不睡觉的小孩抓走……"

狼、怪物和巫婆都欢天喜地地完成了自己的使命。某些心理学家为这类童话故事极力辩护，并对这类故事的象征主义特征进行研究，发掘它们的共同特性。的确，这类童话故事承载着一些象征符号，但这些没有明确表述的象征符号并不能帮助孩子疗伤，反而会导致孩子压抑自己的情绪。各种情绪都被投射在这些象征符号上，这样一来，情绪本身就被抛到很远的地方，被回避了。我翻开儿童心理学家艾丽丝·米勒[1]的作品，想看看这些象征符号是否让人无意识地面对情绪。单纯运用象征符号并不能使被压抑的情绪得以宣泄[2]，否则那些艺术家们就都可以通过艺术来治愈内心的创伤了。绘画、写作、雕塑等都能帮助他们保持压抑情绪的习惯而继续生活。不过，我们可以像倾听他人做的梦一样去欣赏一幅画，也可以利用颜色和形状把情绪的起伏表现在画布上。艺术疗法是一种非常强大的治疗方法，以雕塑、绘画、手工剪贴等为媒介。人

---

1. Alice Miller（1923~2010），波兰裔心理学家，侧重于暴力、虐待等方面的研究。——编者注
2. 原文用了 catharsis 一词，它来源于希腊语，原意为纯化，在心理学上意为被压抑的情绪的宣泄。——编者注

们借此来和自己对话，让自己与通过艺术形式释放出来的无意识相遇。这些象征符号会说话，因为它们表达了个人无意识层面的情感。**语言有治疗作用，因为它能让情感获得生命**。它能描述人身上发生的一切，让人产生意识，让人建构自己的内心经历。

但是，阅读一个童话故事很少可以促进意识的产生。过去的童话故事都是对心理活动的反映。但它们对我们的孩子真的有用吗？我觉得没有用。我的实践经验告诉我，这些故事很可能具有危害性。如果一个孩子所经历的困境与故事中描述的情景恰巧一致，那么他很可能对故事中那些负面的信息加以肯定，并且长时间地在内心保留着相关的恐惧感。童话故事把无意识的幻境加工成具体的画面，这些画面很可能会加重孩子的焦虑感。

朱莉安娜从小就很害怕《白雪公主》中的继母。她是那么的恐惧，以至于要把书藏起来。她的哥哥知道这件事后，故意把书翻到画着继母的那一页并且送到她眼皮底下让她看，而看到她吓得发抖，他就非常开心。其实，朱莉安娜曾经很害怕自己的妈妈。她对故事中那个行为举止像巫婆的女人也感到非常愤怒，可当时那还是无意识的愤怒。《白雪公主》这个故事没有给她带来任何帮助。相反，她内心的恐惧感更加强烈了。多年来，她把自己的妈妈理想化了，拒绝去体验自己真实的感受。她让自己身处一个远离城堡的森林中（把自己给放逐了），一位风度翩翩的王子带着她远离了她的母亲。直到有一天她进行了心理治疗，意识到并宣泄出自己的情绪后，她的内心才再次找到了安宁。

黛米多年来一直很害怕一个人待在寒冷的地方，因为这种寒冷让她觉得自己就像那个卖火柴的小女孩一样。为了不让自己有被抛弃的危险，她对其他人的意愿都表示赞同，完全忽略了自己的想法。50岁以后，她想到这个故事依然会泪流满面。

《小鹿斑比》《驴皮公主》《灰姑娘》《拇指姑娘》等童话中怎么会有那么多母亲死去或者抛弃了自己的孩子呢？要知道，这些故事都是男人写的！难道他们想说，对他们来说要离开自己的母亲有多么痛苦吗？其实，还有另一种解释：他们的母亲都太强硬、太专断，总叫人失落沮丧。和所有的孩子一样，这些作家梦想着有一位温柔的好妈妈，但他们不被允许对自己的父母产生愤怒的情绪，而且还执着地保留着"母亲无论怎样都是完美的"这种理想的印象。如果母亲死去了，那么她的形象便无法被触碰和更改了。于是，这种怒火就被转嫁到折磨他们或让他们感到恐惧的继母、巫婆和坏蛋身上了。而且，他们可以没有任何负疚感地杀死一个巫婆。这些童话传达的信息十分清楚明了：孩子没有权利对自己的母亲发怒。这类故事让孩子无法宣泄出来的怒火被锁在内心更深处。很多童话都是为强硬、专断的教育方式服务的，它们维护着父母理想化了的形象，篡改了现实。

这类故事怎么能帮助一个孩子达到建构自我的目的呢？为什么要让孩子看到这些令人毛骨悚然的故事呢？为什么不让孩子自己选择适合自己的象征符号呢？当然，只有那些存在问题的家庭才能体验到和童话故事相同的戏剧性的生活。但是，这样有什么好处？为什么不选择现代的故事呢？现在有很多故事都写得非常好，插图也非常优美。

## 孩子喜欢恐惧的感觉吗？

有些人这么认为：恐惧具有一种魔力。但这么说并不意味着孩子喜欢那些让他恐惧的东西。

有一次我和家人乘坐飞机去度假，飞机上正在播放一部科幻电影。

我两岁的儿子阿德里安为了能看到整个画面，就从座位上站了起来，同时嘀咕着："我不喜欢这个怪物，我不想看到它。"我试着让他坐下来，因为只要坐下来，那个怪物就能从他的视线中消失，但我无法让他坐下来！他被迷住了！我转过头去，发现四岁的玛戈也站了起来，完全被电视屏幕上那个奇形怪状的九头蛇给吸引住了。那天，他们没有佩戴耳机、全程站着看完那部电影，完全听不到电影中的声音。他们就这样被那些古里古怪的画面给俘虏了。

当一个人害怕时，他首先得控制住这种感觉，先去理解它。要想让自己安心，最好的办法就是和让自己产生恐惧感的根源面对面，看看到底是怎么回事儿，确定它到底是什么。阿德里安在很长一段时间内都会提到九头蛇："我不喜欢那个怪物，它坏极了。"可在当时，没有人能把他从有怪物的屏幕前带走。

不幸的巧合是，第二天阿德里安得到了一个礼物，一本由迪士尼公司出版的关于英雄海格力斯的书。书中全是妖魔鬼怪，其中有一个怪物和他在飞机上电影中看到的九头蛇非常像！阿德里安愿意读这本书，而且一遍又一遍地读。他尤其"钟爱"画着九头蛇的那几页。事实上，他需要看到这些画面来让自己安心，希望自己能够有力量掌控它们。他开始每晚做噩梦，直到我发现了让他做噩梦的罪魁祸首。我建议阿德里安把他的噩梦画出来，然后我把这本书偷偷藏了起来，等他年龄大到看到怪物不再害怕时再拿出来。这么做之后，他的噩梦不再出现了。

## 隧道里的龙

第二年夏天，我们全家一起去参观岩洞。

"不，我不要进去，我不要看到龙。"阿德里安拼命抓住我说。

就在几分钟前我们提到要去参观岩洞时，他还激动万分，可一看到阴暗的岩洞，他就拒绝进去，因为他认为岩洞里有一条龙。显然，他被吓坏了，紧紧地抓住了我。我抱着他走了进去，并且不断地跟他说话。因为，用温柔的话语抚慰孩子能让他产生安全感。没过多久，他便发现这个岩洞里没有龙，于是变得很生气，大叫："我想要龙！我不要这个岩洞，我不喜欢这个岩洞！"

这次"历险"让我意外地发现了他对隧道恐惧的源头。一个月前，我们去迪士尼乐园玩，那里有一条由多个部件组成的龙。那条龙的头部可以活动，嘴里还会喷火，看起来栩栩如生。对阿德里安来说，那就是一条活生生的龙！尽管我想方设法向他解释那条龙的机械原理，但他依然坚信那个怪物是真的。我得承认，我曾一时无法理解和接受这件事情。阿德里安想回去看那条龙，而我为了不让他再次受惊，觉得最好不要带他去。毕竟，还有其他那么多东西可以参观呢！

可就从那天起，我们驾车经过任何隧道的时候，他都会害怕。只要我们把车开到隧道的入口，他就开始大哭道："我要离开这里，我不要被关起来，我不要隧道！"

"隧道里有什么让你讨厌的呢？"

"有龙。我，我不喜欢龙。"

我无法让他相信龙是假的，是不存在的，所以试着采取另一种方法，也就是发掘他自己的心理能量，于是对他说："如果你看到一条龙，你会怎么办呢？"

"我会杀了它，我要用刀砍它的肚子，我会给它一份礼物，我要驯服它。你会明白的，因为它让我害怕……"

通过讲述自己可能对龙做些什么事情，阿德里安一步一步地把恐惧感踩在脚下，终于不再惶恐不安了。尽管如此，他依然不太希望遇见一条龙，因为他不能确定这些怪物是否只是人的想象而已。

参观完岩洞后，尤其是在我们谈论过迪士尼乐园里的那条龙之后，阿德里安敢于毫无顾忌地进入隧道了。从那时起，他会提起并谈论各种隧道，而且心里再也没有恐惧感了。

## 对蜘蛛、昆虫、狗、猫和其他东西的恐惧

即使在成年人看来最平淡无奇的画面，也可能激起孩子的恐惧感。小孩子总是不懂得如何给画面设定界限，不能准确地认定事物的轮廓；只要事物出现的速度快一些，节奏稍微急促一些，就会给他造成恐惧感。我在《青年情商养护基本方案》这本书中讲过一个故事：一个四岁的女孩独自看完一部关于蜘蛛的纪录片后，从此对蜘蛛产生了恐惧感。

在我们居住的地方，蜘蛛并不危险。恰恰相反，蜘蛛能保护我们免受蚊子和苍蝇的骚扰。但是，它的名声不太好，因为它会织网，会让被捕捉到的猎物瘫痪；它还能够象征一位具有侵略性、一旦落入其掌控便难以逃脱的母亲！

孩子并非天生害怕昆虫。他可以把昆虫放在手里把玩，看着它们在手心爬来爬去、弄得他直痒痒。孩子是否害怕昆虫取决于孩子周围的人面对这些昆虫时表现出来的态度，因为恐惧的情绪特别容易传染。如果有人害怕，那就说明这个东西应该很危险，我最好也要怕它。

还有一些没有根据的极度夸张的恐惧往往是其他焦虑的投射；这些焦虑可能来自毫无关联的事物，也可能来自被压抑的愤怒。

## 地下室和小黑屋

孩子对地下室和小黑屋的恐惧就像对蜘蛛的恐惧一样，也是因为父母或其他孩子（如兄弟姐妹）等人的影响而形成的一种典型的恐惧。这么说，是因为地下室的确不是一个让人感觉舒适的地方。我们一般不会去地下室，因为它和家里其他房间都不一样。就算去地下室，那也只是为了找某样东西，而不会长时间逗留，因为它是一个让人想赶快离开的地方。况且，地下室又冷又潮湿，给人一种忧愁抑郁的感觉，因为那里通常没有窗户、阴暗无光。

战胜这种恐惧的最佳办法就是自己主动去那里。如果父母中的一方害怕去地下室，必须去地下室时总让另一方去处理，孩子很快就会发现父母的这种逃避心理。如果父母不想去地下室，其中一定另有蹊跷！于是，孩子会觉得这个地方神秘而危险。

许多已经为人父母的人，在他们还是孩子时都曾在地下室里度过了毛骨悚然的几个小时。这是传统而经典的惩罚方式。

热拉尔蒂娜经常被关在地下室，她的父母却住在同一栋楼的5楼！想想看，她在地下室经历了多么恐怖、多么难以名状的惊恐时刻。她知道哭也没有用，她甚至听不到从自己家里传来的任何声响，只有几只老鼠和蜘蛛在她脚下爬来爬去，而且身边还一片潮湿。

于贝尔在15岁时被遗忘在学校的地下室里，在那里待了整整一个晚上！当时，校长因为他没有努力学习而罚他在地下室待着，后来校长有其他事情要做，放学的时候竟然忘了把他放出来。他的父母发现他整晚都没有回家，心急如焚，像无头苍蝇一样四处寻找，可是学校关门了……这件事发生在30年前，校长当时没有被追究任何责任，而这个男孩在这所学校继续学习，不过他再也没有被关进地下室的经历了。

因为一点儿小事，埃尔韦就会被关进地下室或者阁楼上的小黑屋里；他还被逼着待在地下室楼梯的下方，这样他就看不到从门底缝隙里透出的光亮。当然，他也绝对不能站起来。稍有违规，他就要继续受罚几个小时。如果惩罚时间太长，为了不让他饿死，他的父母会给他送来一小块面包。如果他哭喊或发出一点儿声响，就会遭到父母的严厉呵斥。被马鞭鞭打对他来说也不是稀奇的事情。

如果我们经历过这种事情的话，怎么能做到让孩子相信去地下室探险是一件十分有趣的事情呢？

## 孩子害羞吗？

成年人把孩子和陌生人开始交流之前迟疑几分钟的表现定义为害羞。其实，对一个还不懂得遵守社会规则的孩子来说，他只是为了掩藏自己的不适感罢了。孩子不主动问候他人，这让大人变得不淡定，所以这个孩子就被认定为害羞！不要把这种标签贴在你的孩子身上，因为这可能让他认为自己不正常，而且会真正让他变得害羞。面对这样评价你的孩子的人，请这么回应："不，他不害羞，他只是需要一点儿时间来熟悉一下。"

每个孩子都需要一点儿时间来对正在发生的事情进行消化和吸收，以此来建立安全感。可能对成年人来说，孩子能够直接问候他人而不去管自己到底在和谁打交道会让人更加愉悦，但这其实说明孩子是逆来顺受和机械自动的，而不是出于自身的责任感和真正的礼貌才这样做。

观察时间是必需的，其长短和孩子的性格、大人的态度以及具体的环境有关，时间长的可能需要20分钟。孩子需要按照自己的节奏，在自己认为合适的时候迈开步伐向父母之外的其他人走去。

# 孩子害怕上学、老师和考试

听听他讲述的实际情况。他到底在害怕什么？是害怕你可能对此做出的反应，还是害怕你的伴侣的反应？是害怕老师的批评，还是害怕其他孩子会说些什么、做些什么？

在当今社会，考试分数变得无比重要。许多父母看到孩子考试成绩不理想后，他们的反应往往不尽如人意。在孩子身处困境，最需要帮助、支持和理解的时刻，父母却张牙舞爪地威胁说，他以后可能找不到工作，一个零分对他来说意味着一个暗淡无光的未来。所有这些都不会帮助孩子在考试之前对自己充满信心。

从表面上看，孩子因为考试分数而忧心忡忡，其实他害怕的可能是老师，是老师的眼神、老师写的批语以及对自己的评判。许多老师非常擅长贬低别人，而对有些老师来说，侮辱也是一种教育方式！

孩子害怕老师吗？孩子不愿意去学校上学吗？**请听听你的孩子是怎么说的**。特别是，你不要不分场合、不问缘由地站在老师那一边。如果他害怕了，那就说明他经历了什么事情。此时最重要的是懂得如何帮助他面对已经发生的事情，或者想办法保护他。

**如果你和老师意见不同，不要担心这会让孩子感到不安**。即使他得在整整一年的时间里忍受一位不合格的老师，但如果想让**孩子不妄自菲薄、对自己产生信心，就要让他知道老师的做法并不公平**。你的支持能够帮助他在碰到对自己不利的事物时远离它并保护自己不受到伤害。

学校是不允许体罚孩子的。但不幸的是，大多数老师依然承认，他们会对孩子做出揪耳朵、扇耳光、打手指等行为，还会为自己找借口，说"这是他们活该"。

罚站墙角、罚抄写等侮辱孩子心灵的惩罚方式，早就被严令禁止了！

如果孩子的老师都不遵守法律，那还怎么去要求孩子遵纪守法呢？

如果老师做得太过分了，你就要做出回应，要求他遵守法律，而不要任由自己的孩子那深感不公却无力应对的情绪越积越多。这种内在的心理状态不仅对学习不利，对孩子的情感发展也没有任何好处。

12岁的克拉拉被老师叫作"胖墩"，5岁的保罗因为没有听懂老师的指令而被骂作"白痴"。还有类似"小蠢蛋""没用的废物""你这个白痴""你给我闭嘴"等侮辱性的语言在学校都非常常见。这种辱骂简直让人无法忍受！但孩子往往不敢把这些告诉自己的父母。告诉别人自己被辱骂并不是那么容易的事。

不要对老师的专断、不公、讽刺和威胁轻描淡写、一带而过，而要立场鲜明地站在你的孩子这一边。任何成年人，即便是老师，也没有权力让孩子难受、伤害孩子、取笑孩子，当然更不可以打孩子。当你的孩子面对人身攻击时，根据具体情况和事情的严重程度，你要帮助他找到应对措施。你们可以一起去找老师，让他改变自己的行为和态度，或者向校方投诉，让孩子转班。如果有必要的话，让孩子转校。

有太多的家长对这类事情不闻不问。他们自我麻痹地认为这种情况不会持续太久，再等几个月就要开始新的学年了。只是，如果父母不闻不问的话，孩子就可能会把受辱的经历牢牢刻在心中。即使他今后不会再和那位老师有交集，那些贬损的话语依然会在他的头脑中不断萦绕、挥之不去。

克里斯托夫的数学成绩曾经特别差。三年前，他的老师经常对他大声吼骂，并且经常在全班同学面前讥讽他。结果，他的其他科目的成绩也一落千丈。他因此得到了一条被强化的信息——自己是个差生。他的妈妈却和老师统一战线，并且对他解释说，老师对他吼叫是因为他成绩差，希望能以此敦促他进步。她没有发现，事实正好完全相反。

三年后，克里斯托夫换了老师，但他的成绩依然差得可怜，而之前那位老师对他说过的那些伤人的话语依然被他牢记在心中！有时，他会在街上遇见那位老师，而见到老师这件事让他满怀忧虑。于是，他只要远远地看到那位老师，就会马上走另外一条路，而且从来都不敢抬头看老师一眼。

我引导克里斯托夫仔细分析了那位老师的真实状况。是什么让那位老师对一个小男孩这样大喊大叫，还对孩子进行语言攻击呢？这个孩子相当自卑，这一点我一眼就可以看出来。为了帮助他重新建构内心的平衡，我让克里斯托夫通过想象把那位老师的形象具体化，让他给那位老师安上一个滑稽可笑的红鼻子，给他穿上一条花里胡哨的裤子……经过两个疗程后，他对学数学重新拾回了信心。对他来说，只要帮他还原事情的真相就已足够。其实问题并非出于他很差、达不到那个高度，而是出在那位老师身上。那位老师用负面评价和侮辱性的语言对他狂轰滥炸，这给他带来了心理负担。卸下这些心理负担之后，他重新恢复了自己的学习能力。

请帮助你的孩子放松自己，帮助他导演一场小型电影来排遣他内心累积的负面情绪，帮助他重建完整的自我。我们可以通过幻想，在想象中把另一个人切成碎片，把一个水桶扔在他头上，把他的鼻子画成红色，把他的头发画成蓝色，想象他赤身裸体的样子或者让他穿一件非常滑稽的衣服……想象成什么都可以。这么做非常有助于释放内心的负面情绪。

有些忧虑则可能来自朋友。弗雷德里克一想到自己的分数太高就很害怕；对他来说，成绩不超过乌兹非常重要，因为乌兹对成绩排名非常敏感！

孩子可能在课间休息时或者在课堂上受到过惊吓；他可能对某人感到恐惧，这个人可能是一个大人，也可能是一个孩子；他可能害怕失败、害怕去很脏的卫生间，或者害怕在卫生间里向人要手纸等等。每种恐惧都需要我们用有针对性的、特殊的方式来应对。请听听你的孩子有什么需求！

# 3

# 超越恐惧

玛戈四岁时在海边浴场玩得非常开心，甚至敢在比较深的地方玩水。可四岁半时，她穿着一件充气泳衣去露天游泳池，却害怕地抓住我不放，说："我害怕，抓住我！"

*首先，我们要接纳孩子。*

"我知道你害怕。你已经好久没有体会下水游泳的感觉了。"

*接着，帮助孩子找到自己内在的能量。*

"你还记得在马提尼克岛玩水吗？你穿着充气泳衣在海里玩得多开心啊！我们游了很远，你还放开我自己游呢！"

*要注意说话的语气！我是以一种赞赏的口吻对她说这些话的。这样做主要是为了不让她产生挫败感，因为语气不当可能会让她认为自己很笨——毕竟她曾经那么自如地在水里游过。我的目的是让她回忆过去，重新找到以前的勇气，找回曾经体验过的快乐感觉，并且让她产生下水的欲望。*

"嗯，好。"

*她在欲望和恐惧之间摇摆不定，勇气还不足。于是我开始从她过去的经历中寻找其他动力。*

　　"你记得有一次你很害怕，后来却战胜了恐惧吗？"

　　"是的……"

　　"那天你是怎么战胜恐惧的呢？你还记得那时你有多么骄傲吗？你体会到了自己内心的自豪感吗？"

　　"是的。"

　　*和她一起分担恐惧的感觉，让她感到踏实。*

　　"你知道，我也会害怕。我非常害怕玩那种非常大的滑梯。你看到了，你爸爸去玩了，我就没有去。我实在太害怕了。可是我很清楚，那没什么危险，就好像你带着救生圈也不会有危险一样。"

　　*鼓舞、激励她战胜恐惧。*

　　"有时我们会害怕，但我们还是坚持着。我们可以有害怕的感觉，然后超越它。我们俩可以互相鼓励。如果你战胜了你的恐惧，你就可以穿着充气泳衣在大游泳池里游泳。而我呢，如果我战胜了我的恐惧，就去大滑梯那边玩！"

　　"我要离开这里！"

　　*接受她的提议。永远都不要坚持己见！*

　　她需要一些时间才能真正为自己做决定，而不是为了取悦我们。在这种情况下，我对大滑梯表现出来的恐惧感越真实，这件事情就会变得越简单，而且她自己也知道这一点。她知道，如果她去大泳池，就会让我也去面对某个对我来说很难克服的问题。恐惧是一个消极的暗示，我们要做的就是把它转换成行动的欲望，也就是积极的暗示。这种从消极到积极的转变，只有在孩子有自主选择的体会时才能实现。

她脱下了泳衣，我们俩擦干了身上的水。

过了一会儿，她说："你给我穿上泳衣吧，妈妈！"

从根本上说，是玛戈自己决定要下水的。"我要下水"这个决定就像一根魔法棒，把起抑制作用的恐惧转变成了起促进作用的恐惧。

我帮她穿上泳衣后，她非常坚定地向泳池走去。她勇敢地、显然没有太大困难地战胜了内心的恐惧，从泳池的扶梯走了下去，向泳池中间游去！她在水里摆动双腿，挥动双臂划水。她游了起来！显然，她游得很开心。过了一会儿，她向我大声发出指令："现在你去滑梯那儿，妈妈！"

"好的，到我了！"

我大叫着从高高的大滑梯上冲到水里，觉得自己很勇敢。我对她说了我的感受，她回答我说："我也是，我为自己能够在大泳池里游泳感到很开心。现在我喜欢大泳池了。我们还会再来玩吧？"

*自豪感是成功和自信的根基。让孩子对自己的胜利产生自豪的感觉，这非常重要。*

要让一个孩子有安全感，并不是要他周围的人都不害怕；恰恰相反，他需要知道的是，无论什么人，即使是成年人甚至是父母，有时也会害怕。

一个孩子如果觉得自己是唯一一个会害怕的人，而自己的爸爸和妈妈都没有这种感觉，他就很容易认为自己"不正常"。这当然也会增加他的不安全感。

# 回顾陪伴孩子整理情绪的几个阶段

◆ **尊重孩子的情绪。**

让孩子相信你，这是基础条件。要永远尊重孩子的情绪，即使他的情绪在你看来不合情理。孩子害怕了，不能说他是对的还是错的，因为总有某个（或者多个）原因让他感到害怕。至于害怕的原因，无论他还是你可能都还不了解。

◆ **倾听孩子的感受。**

"是什么让你害怕？"

"是什么最让你害怕？"

你要记住，"我怕狗"这句话要表达的意思非常模糊。害怕狗的叫声？害怕狗突然移动时的样子？还是害怕狗的舌头、嘴巴或狗的眼神？他是不是害怕狗会咬他？还是害怕狗在他身边跳来跳去，却不明白这是为了对他的到来表示热烈欢迎？或者担心狗会用它那黏糊糊的大舌头舔他？

倾听不只是竖起耳朵认真听孩子诉说，还要帮助孩子把发生过的事实表述出来。要注意，不要用类似"为什么"这样的提问模式来引导孩子诉说，这么做他可能会被迫为你找一个看起来无懈可击的答案，但不一定和实际情况有关。倾听的基本原则是，要事先假定孩子并不了解他自己为什么感到恐惧。通过倾听，你可以帮助他发现产生恐惧感的原因，引导孩子重新整理思绪，然后提出类似"是什么""怎么""关于什么"的问题，陪着他一起去发现原因。（这类提问方式在本书第252页有更详细的阐述。）

◆ **接纳和理解孩子。**

"你害怕，这我能理解。这只狗实在是太吵了。"

要认同孩子的感受。你得向他表达你对他的赞同，而他有权利去体验自己的感受。你既不需要费力让他从恐惧的状态中"恢复原样"，也不需要代替他去解决问题，只要表现出你对他的恐惧感同身受、你理解他的感受就可以了，这就是他需要的一切。

你要引导他试着战胜这种恐惧，但只能按照他的意愿行事。任何来自你的期盼都可能让他战胜恐惧的进程中断。

◆ **"我也是。"——缓和孩子的情绪。**

一旦孩子可以说出自己经历过的事情，你就可以对他说出自己现在或以前的感受。你曾经也有过同样的恐惧吗？还是有过另外一种恐惧的感觉？向他讲述你的经历。不要模棱两可，而要对孩子说出所有的真相。最好选择孩子不害怕的某一方面的事物，这样他就会觉得自己在这方面比你更强。这能帮助他勇敢面对那个让他害怕的事物！

◆ **帮助孩子利用过去的经验。**

我们都有过经历并战胜恐惧的经验。

"你还记得你曾经害怕什么，后来却不怕了吗？"

如果孩子不能立刻想起来，你可以帮他一起回忆——"比如说，你第一次被邀请到斯蒂芬家过夜。"

给他时间让他回忆一下，让他回想起当时自己体会到的是什么样的感觉。

"后来，你决定去了。你还记得你是怎么下决心的吗？你还记得事情的经过吗？你回到家的时候开心极了。你记起来了吗？"

"你看，你曾经害怕过，但你超越了内心的恐惧。你知道怎么借助那次经验来战胜你对这只狗的恐惧吗？"

给他几分钟时间让他思考一下。

### ◆ 帮助孩子发挥自己的能量。

一个人害怕的时候，他的横膈膜会自动收缩。要让它放松，我们只需要把恐惧释放出来；深呼吸、唱歌、喊叫、大笑等方式都可以达到这个目的。让你的孩子深呼吸，直到恐惧的感觉消失。请陪着你的孩子一起唱歌，帮助他把恐惧大声喊出来。这样，他就会觉得自己变得很强大，并且已经为面对困境做好了充分的准备。

如果这个方法行不通，如果孩子太恐惧而不敢大声喊出来，那么请你建议他想想某个和他身处相同境况却不会害怕的人，比如说他的某个朋友、朋友的父亲、某个屠夫、某个修车工等等，或者电影中的人物，比如说泰山、詹姆士·邦德等等。和他一起去看看这些人在面对恐惧时是如何应对的。然后，让孩子想象一下自己和这些人身处同样的情境，帮助他感受到自己的强大和勇敢，帮助他建立自信。

"你感觉到信心和力量了吗？我觉得你可以坚信，这就是属于你自己的力量！"

### ◆ 为孩子提供必要的信息。

你的孩子有了过去的经验，还需要得到一些必要的信息。在我们刚才提到的例子里，孩子还需要知道狗到底危险不危险。

感到害怕的孩子需要多次被安抚，还需要得到一些解释。但是，如果你提示得太早，这个提示就完全不会被孩子理解。这就是为什么我们已经对孩子做出了解释，却往往徒劳无功的原因。首先，你应该倾听他的感受，陪伴他从过去的经验中找到信心。只有在此时，孩子才能专注地听你的解释。或许，他更希望找到那些解释的人是他自己。

"要想知道它是否危险，你可以怎么做呢？"

请引导他进行思考。比如，和他一起去图书馆借一本关于狗的书，并在他需要的时候或单凭他个人无法做到的时候，为他提供一些相关知识。这种积极解决问题的方法也可以用在其他情况下。他越是自主地寻求出路，在恐惧面前就越坚强。

◆ **面对恐惧，鼓励孩子尽可能地找出不同的解决方案。**

根据不同的情况，你可以只提供一个可行的解决方案，或者让他自己想出几个可供选择的解决方案。要注意，不要对他的想法进行评价，因为没有"好"主意，也没有"坏"主意。要让孩子自己来评估自己的方案的可行性。

"是的，你可以去问问狗的主人，是否可以让你摸摸它，这是个办法。你还可以怎么做呢？"

鼓励孩子提出一个又一个不同的方案，并对其后果进行预测：

"如果你这么做，会发生什么？你是否就不会那么害怕了？"

"是什么让你想到通过摸摸小狗来战胜恐惧的呢？"

**恐惧？让我们思考一下"愿望"这个词吧**。在小狗、水、大滑梯面前，孩子没有被恐惧主宰，而是勇敢面对。是什么让他产生了这个愿望呢？最根本的原因是，你没有在精神上给他任何压力，你没有希望孩子比你早一步战胜恐惧。否则，他就会因为你的这个愿望而变得畏首畏尾。**限制会产生恐惧！**只有在能够自主选择的情况下，人才能感到自己有能力掌控周围的环境。自主的选择才是战胜恐惧的前提条件。

# 4

# 合理利用胆怯的心理

幼儿园学期末的汇报演出要在市政府举行，那时会有300人观看表演。在演出前，玛戈什么也没对我说。但我知道，无论对谁来说，在公众面前表现自己都是一件非常重要的事情，更不用说是一个四岁的小女孩第一次登台表演了。怎样才能让她为这次表演做好更充分的准备呢？

"要在很多人面前跳舞，你会害怕吗？你感觉好不好？"

"我有点儿害怕。"

"哦，有点儿害怕很正常。我之前就想跟你说说这个，因为我自己也这样。如果要我在很多人面前做报告，我也会有点儿害怕。我的心会怦怦直跳，肚子会发紧，喉咙会发干，手心还会出汗。实际上，如果我们感觉到了这些，说明我们的身体已经开始为发言做准备了。我们的体内会发生很多反应，这样我们才有力量跳舞、唱歌或者讲话。你感觉到自己体内的这些反应了吗？"

"狗叫的时候，我也觉得心怦怦直跳。"

"这是恐惧在展示它的力量。在我们面对危险或者马上就要上台表演时，恐惧能让我们的身体产生很多能量。其实，在上台表演前感觉害怕，这叫作怯场。任何人都会在这个时候感到胆怯。如果你要登台表演，而你怯场了，那是因为你的身体要为表现出最好的自己做准备。如果我感觉到这种反应，我会很开心，因为我知道我的身体在做准备。我深呼吸。我感觉自己的双脚站得更稳，于是看着台下的观众。我对自己说'我爱他们，有机会在他们面前说话，我感到非常幸运'；我在大脑中想象有一束束灯光向他们投射过去，这样我就会感觉到和他们联结在一起。这是我的解决办法，这个方法可以帮助我在心跳太快时保持内心的平静并让心跳减速。你可以找到适合你自己的方法，你也可以试试不同的方法。不管怎样，只要我开口了，我就会把全身的能量全部用上，胆怯就会消失了。那你呢，你有没有让自己感觉更好的办法呢？"

"是的，我有一个。"想了几分钟后，她满面笑容地回答道。

她没有再跟我谈这个话题，但几天以后，她明显非常愿意登台表演，而且很享受一边看着观众一边跳舞的感觉。最后，她的老师不得不提醒她该下台了，要把舞台让给其他人继续表演节目。

有一些恐惧是有用的，能够让我们的身体在行动前做好准备，还能够向我们警示危险的存在。另一些恐惧则过于夸张：蜘蛛并不是邪恶的象征；工人们使用的电钻虽然有很大的噪声，但是没有任何危险；被关在栅栏后的狗不会跳到我们身上；如果我们穿上了适合自己身材的救生衣，就不会溺水。

**那些有用的恐惧需要得到我们的尊重和倾听——我们没有必要在感到害怕的情况下还去冒险。而其他恐惧，我们可以从容地超越，不必太在意。一旦我们自己做了决定，之后就会为自己感到无比骄傲。**

# 5

# 孩子胆小吗？

恐惧会一直存在于孩子的内心吗？在很多情况下，孩子都会焦虑不安或者情绪压抑吗？他会动不动就惊慌失措吗？他正在形成自己的情绪习惯，也就是胆小的"性格"吗？如果是，那么我们需要尽快帮助他。

恐惧比其他任何感受都强烈，它产生的根源是多种多样的。

## 父母过度保护时，孩子会有什么反应？

"当心，你会摔倒的！"

"别在那上面走。"

父母努力让孩子不与危险有任何接触，反而可能给孩子传递这样的信息——"世界很危险"或者"你没有能力应对"。

我们应该言行一致，可孩子从我们这里接收到的往往是自相矛盾的信息。父母总是在孩子耳边不停地唠叨"去吧，别害怕"，可一旦孩子稍微有点儿自理能力，父母就会开始用无比担忧的口吻对他表示关注！比如，父母会说"去吧，去和那位女士说'您好'"，过会儿又说"千万不能跟陌生人说话"。

如果一个孩子见到一个新面孔时，花了一点儿时间来熟悉这个要和自己打交道的人，然后再投入他的怀抱，人们就会说这个孩子害羞、怕生！

而如果一个孩子毫无羞怯之情地走向任何一个靠近自己的成年人，父母又会带着指责的口吻说："他真的可能跟着陌生人走！"

让我们花点儿时间来思考一下，当孩子面对这类双重限制的时候，他可能会有什么感受。

孩子可能被伙伴们咬了或者打了；他身上可能有淤青，留下的疤痕好几天都不会消失；他可能从秋千上或者一堵矮墙上掉下来，等等。他可能很痛，可那又怎样？这种事情发生的概率非常小！有时，身上留几块淤青还可以让孩子更加明白，父母的安全提示是充满好意的。

我们越是努力避免各种伤害，就越有可能给孩子带来更大的伤害。这种伤害会完全破坏孩子的自恋情绪和自我形象，并且扰乱孩子对自己能力的判断。

现在的公园广场都有很好的保护措施，即便如此，也不能完全避免孩子受伤。与其让孩子规规矩矩地坐在长凳上，倒不如让他学会站、跳、摔倒后自己爬起来，让他试试自己的平衡能力，试试自己的力气有多大。否则，他可能一辈子都坐在长凳上。

**灵魂上的淤青可能比身体上的小伤严重得多。**

父母对孩子的过度保护会导致孩子胆小懦弱或者鲁莽冒失。太多的限制禁令反而可能让孩子产生挑战极限的欲望。一旦他被赋予自由或者为自己争取到了自由，相比其他循序渐进地了解自己的极限并因此建立起责任感的孩子，他的表现可能更让人头疼。

停止对孩子的过度保护，孩子能因此察觉到一些新的自由。我们要相信，他会发现自信是自己应该拥有的"武器"。

值得注意的是，不再过度保护并不是说在孩子独自面对困难时对他置之不理，而是说我们要学会辨别哪些是我们自身的焦虑，哪些才是真正的危险。

为了帮助孩子，请你注意自己的态度。就算一句过度保护的话或贬低孩子的话，都要克制着别说出来。请相信他。

## 孩子压抑愤怒的行为

孩子非常愤怒，却把怒火抑制住了。或许这是因为父母不让他生气，不让他表现出来，甚至不让他体会愤怒的感觉。于是孩子就会认为，感到愤怒是很不好的事情。他会反过来把问题归结在自己身上，认为自己滑稽可笑、地位低微或行为不当。

很多年长的孩子比他们的弟妹更加害羞，因为他们从来没有得到过嫉妒的权利。弟弟或妹妹抢走了自己的妈妈，他们很愤怒，但这种愤怒被压抑在了心底。

正在生气的孩子往往害怕把内心粗暴的情绪或者想报复他人的情绪表现出来。为了不让这些太强烈的情绪使自己产生愧疚感，孩子会否认自己有愤怒的感觉，并把这种情绪投射到周围的人和事物上。他害怕其他人，因为他觉得那些人和他一样有暴力倾向；他害怕陌生人，因为他认为那些人会对他使坏；他害怕自己的玩伴，因为他觉得他们会取笑自己；他害怕狗，因为他觉得狗会咬他；他害怕猫，因为他认为猫会抓他……

## 孩子表达出了父母否认和抑制的恐惧

任何让父母感到害怕的事物，孩子都会特别关注。如果你在街上看到一个不认识的人而被吓到，如果你一想到要和谁见面就忧心忡忡，你的孩子马上就能感觉到你的情绪。如果他意识到正在发生着什么，就会问你："你怎么了，妈妈？"否则，他会十分忧虑地环顾四周，会感到害怕，却无法判断真正的原因。

三岁的吉约姆害怕一切新鲜事物，也不敢朝别人走过去。事实证明，他父母的朋友也屈指可数。他们很少出门，尽量不带吉约姆去商场、地铁和百货商店。他们把他藏得好好的，坚定地认为那些地方特别不利于孩子的健康成长。但是，他们要在现代社会中生活。如果每天都不带孩子出门，这种刻意的回避必然会导致某些问题。

如果不希望孩子因为实际上不属于他自己而可能属于父母自身的焦虑而感到害怕，如果想减轻孩子的负担，作为家长，我们很有必要和孩子聊聊自己，向他明确指出——他没有必要把我们的感受放在心上。当然，这种方式也是治愈自己的最有效方式，因为聊完之后我们也会感觉非常舒适。

兰娜向我咨询她女儿达菲的事情，说达菲在课间休息时受到了极大的惊吓。事实上，是兰娜自己有顾虑。她担心女儿会重新经历自己曾经在学校经历过的事情。她确定了问题的源头后，马上向达菲讲述了自己以前所受到的惊吓，并且清楚地告诉她，她没有必要为妈妈的恐惧负责。第二天，达菲回家的时候兴高采烈，并对妈妈宣布：

"我把你的担心还给你，妈妈。"

从这天起，达菲发生了翻天覆地的变化。她从学校回家时总是开开心心的，所有的忧虑都不翼而飞了。很神奇吧？其实没什么神奇的，只不过是家长做出了正确的回应，把孩子的能量及时释放出来了而已。

## 怎样帮助胆小的孩子？

1.不要再说他胆小！他只是个孩子，他内心有很多忧虑，他不敢让自己生气。而且，难道不是因为你不允许他生气，他才会这样的吗？

2.要想帮助孩子建立自信，我们可以：

★ 根据可行性，设计出相应的练习方式。

★ 为他提供发泄怒火的渠道。

★ 对他的创造力进行鼓励。

★ 提供一些练习方式、场所或者游戏，但不能对结果做任何判定和评估。现在，不同形式的工作室越来越多，可以让孩子去探险、去创作、去表达自我，而**不对孩子进行任何评判（无论是正面的还是负面的）**。阿尔诺·斯坦[1]的表达工作室就是这样一个场所。孩子可以在那里作画，而且没有人对他做出任何评判。尊重孩子，尊重他的节奏、他的成长过程和他的需求，这就是我们要做的全部。我们要给予他最多的关注。

3.和大型动物接触往往非常有治疗效果。马和狗都不会做出任何评判，也不会苛求什么。孩子可以按照自己的节奏逐步接近它们，而它们也信任孩子，孩子因此可以建立起安全感。

4.电脑也不会给出任何评判，而且有无穷无尽的耐心。孩子可以一次又一次地操作电脑，而电脑永远都不会有厌烦情绪。前提是，大人不要守在旁边监视孩子的"成绩"，这样孩子才可能在活动开展过程中体

---

1. Arno Stern（1924~　），法国德裔艺术教育家。——编者注

验到快乐。他可以独自拿着鼠标进行探索，就这样慢慢地、不被察觉地对自己的能力建立起信心。

5.分析并超越自己的恐惧。

总而言之，**不要直接地强迫孩子面对内心的恐惧。为他提供一些练习方式和方法，让他按照自己的节奏去面对恐惧。孩子只有自己做出了选择，才能战胜恐惧。**

# 第五章

# 愤　怒

愤怒有助于自我认同。

是不是有很多父母会因为自己的小天使在众人责备的目光下、在公园广场或超市哭喊着满地打滚而尴尬万分、愤怒不已?

尽管如此,愤怒却是人受挫之后产生的一种自然而健康的反应。

# 愤怒是一种健康的生理反应

三岁的露西全身紧绷。"这不公平，我要骑！"她满脸通红，双拳紧握，十分生气。她和妹妹在与其他小朋友一起玩Am stram gram童谣游戏[1]，可她不接受游戏结果：骑自行车的人是妹妹。尽管露西明白游戏规则，但她依然希望骑自行车的人是自己，所以她非常失落。

这个游戏唯一的优点是：没有大人参与，游戏结果完全是随机的，父母偏爱这个或那个孩子对结果没有任何影响。但是父母不能期待一个这么小的孩子会毫无怨言地接受自己的命运。

"求求你，妈妈，我吃完这个冰激凌了，我还想要一个。"

让我们想象一下，如果一个三岁的孩子这么说：

"好的，妈妈，我明白一个冰激凌就够了。"

你会有什么感觉?

你肯定会有隐隐不适的感觉。不只是因为孩子没有强调自己的需

---

1. Am stram gram 是一首由古老的德国童谣改编而成的法国童谣，相当于中国童谣"一二三四五，上山打老虎……"这个童谣游戏的规则是：孩子边唱边用手点其他小朋友，最后点到谁，谁就要做一件大家要求的事情。——译者注

求，还因为他根本就把自己的欲望直接删除了！

这样的孩子今后可能很难知道自己需要什么。他往往会问自己该做什么、什么是好的、什么是坏的，但对于自己真正想要什么没有任何想法。他会任由自己的生活被别人主导，需要这个人或那个人的建议才能为自己做决定。

当孩子为了一个冰激凌而顽固地坚持着、大喊大叫、打滚哭闹时，他是在重申自己的需求，这很重要。

当然，对那些工作一整天、身心疲惫，并且/或者曾经忽略自己的怒气的父母来说，孩子太吵闹会让他们难以忍受。面对孩子的苦恼，父母很可能会粗暴地回应，然而这种行为等于在向孩子宣布：他生气的表现是不受欢迎的和危险的。

如果孩子继续说"不，我就要"，那就是在继续表达自我的存在，重申自己的权利——"如果你拒绝，那是你的问题。而我，我知道我有权利产生愿望。"孩子并不总是期望自己的愿望得到满足。他只是希望自己的愿望能够被认同，希望自己的情绪能够被理解。

胚胎时期的婴儿通过脐带从母体获得营养，其营养需求能够自动得到满足。他是母亲的延续，甚至不能感觉到自己的需求（至少现在看来是这样的）。

而在出生以后，婴儿不再那么有规律地获得食物，于是感觉身体不适时就会大喊。他还不知道身体为什么会有不适的感觉，但妈妈把这种感觉叫作"饥饿"，于是妈妈会为婴儿哺乳。婴儿得到了满足，就会感觉很舒服。

如果妈妈不来，他就会叫得更厉害，会因为妈妈没有来而抗议。他愤怒地呼唤着妈妈，坚定地表明自己的需求，希望能和妈妈重新建立起先前已有的联系。

很多时候，愤怒被认为是一个人故意和另一人保持距离的表现。其实，暴力才是，愤怒则恰恰相反：当一个人愤怒时，他是在表达某种需求，是为了让自己和另一个人的关系重新回到平衡的状态。

## 愤怒是产生悲伤情绪的必经阶段

愤怒是产生悲伤情绪前的第一个阶段。**当一个孩子因为不能拥有某样东西而生气时，愤怒的情绪能让他重新建构自我，并且让他接受这种失落**。有时，某些事情是绝对不可能做的，父母也对孩子解释得清清楚楚，可孩子还是会大发脾气。这时，父母会感到十分愤怒。他们不知道，这是悲伤情绪产生之前**一个必经的、自然的、正常的阶段**，孩子必须这么发泄之后才能接受现实。一般来说，接受过程要经历这样几个阶段[1]：

1.否认

2.愤怒

3.协商

4.悲伤

5.接受

这些都是自然且重要的步骤。接受之前肯定会愤怒。

在孩子提出一个要求之前就让他得到满足，这可能会让他体会不到自身有什么需求，也会妨碍他经历一次有益的挫折并从中获得经验。一位母亲如果对自己孩子的任何一个小要求、小愿望都过于关注（母亲往往比父亲更容易产生这种极端的行为），就会让孩子很难建立起自我认

---

1.关于接受过程的必经阶段，《青年情商养护基本方案》中有详尽的阐述。——作者注

同感。挫折（一定程度的挫折）是有益的。幸运的是，父母不可能时时刻刻都满足孩子的任何需求，有时是因为所有的商店都关门了，有时是因为冰激凌都卖光了，有时是因为只有一台双人自行车，有时是因为他喜欢的盘子被打碎了，有时是因为妈妈要去上班了，有时是因为他的玩伴朱利安去爷爷奶奶家了……

所以，一定程度的挫折是不可避免的，也是有益的，只要孩子的情绪——尤其是愤怒的情绪——能够被理解。

而不公正、专制武断或者太大的挫折可能会导致具有摧毁性的结果。

婴儿依附于自己的妈妈，没有妈妈就无法生存。如果妈妈不立刻来到他的身边（几分钟之内），那么恐惧的情绪就会替代愤怒的情绪，而他就会担心自己被抛弃了，害怕自己和妈妈中断了联系。5分钟对他来说可能就像一生一世！他还没有能力想出办法来留住妈妈。一段时间后（这段时间的长短要看他之后的经历），如果没有人来到他身边回应他的需求，他就会独自默默忍受。他会闭上嘴，把自己蜷缩起来，在心里刻上类似"我没有这种权利""我并不重要"甚至"我很糟糕"这样的烙印，因为他需要找到一个理由，才能解释妈妈为什么不来照顾他。但是，他还没有能力进行有意识的推理活动，这一切都是在无意识的状态下进行的。一旦这个无意识的程序运行的频率太高，这种自我认定就有可能陪伴他一生。

**让一个孩子独自哭泣，就是把他丢弃在可怕的情绪之中。**

自身有需求、向他人提出要求、得到满足，这是人的心理发展中最常见的过程。只有这样，孩子才能感受到你对他的爱，才能感知到他对你来说很重要。他需要感觉到自己的要求能够被接受。只有这样，孩子才能确定自己很棒，才能建立起安全感。

有时，我们不能满足孩子的某些需求。此时，最关键的一点就是要做到始终能理解孩子愤怒的情绪。

## 因遭受不公正待遇而对抗

当我们遭受不公正待遇时，同样会产生愤怒的情绪。这是我们面对侵犯时的反应，是我们在无法忍受某些事情时进行反抗的表现。愤怒有助于对自我的认同，能帮助我们捍卫自己的领地、保护自己的身体、坚持自己的想法、证明自己的价值、保证自己得到公平的对待。愤怒能够给予我们肯定自我的力量、敢于说"不"的力量以及感知自我的力量。一个没有感受、不知道表达愤怒的人往往会觉得自己在生活中是个受害者，是个无能的人。表达自己的愤怒非常必要，因为它能让我们感到自己的力量，能让我们得到他人的尊重，能让我们直面挫折，不会因为受到某种缺失的折磨而一蹶不振。它能让我们在人际交往过程中和他人建立和谐的关系。

哈耳摩尼亚（Harmonia）是希腊神话中的女神，是战神阿瑞斯（罗马神话中的玛尔斯）和爱神阿弗洛狄忒（也就是维纳斯）的女儿。阿瑞斯是战神和冲突之神，阿弗洛狄忒是主管美丽和交流的女神，因此"和谐"来自对抗和对话，而不是沉默和否定自我。

如果你拒绝给予孩子他想得到的东西，你们关系中的某种东西就被破坏了。孩子愤怒是为了让你感受到这对他来说有多么重要。愤怒的目的是重新修复关系！父母千万不要切断这种关系，要保护好这段关系，陪在孩子身边，关注他、尊重他。

**很多人把"愤怒"和"暴力"混为一谈。**暴力会导致破坏性的结果，愤怒却有积极的意义。但我们很难找到合适的词语来将它们区分开。"攻击性（aggressivity）"这个词的词源在最初可能有着积极的意义，即代表"向……走去"，但现在这个词完全是贬义的。在此，我更倾向于认同"愤怒（anger）"这个词要表达的意思——因为热爱生命而表现出来的攻击性。愤怒是为了保护自我的生命。愤怒，其实是在另一个人面前肯定自我，是在设定他人不能越过的界限，是在拒绝那些让自己感到痛苦的事物。

如果我们不知道控制怒火，就可能产生暴力行为。暴力和愤怒有很大不同。其实，它们是相反的两面。如果我愤怒，那只是在表达自我，表达我的需求。

暴力则指向他人，是在非难、伤害或摧毁他人。比如，我感觉到了某种需求并把它表达了出来，却没有得到满足，于是我感到了内心的某种缺失，似乎少了点儿什么，感觉很糟糕。暴力是一种试图自我保护的结果——为免受自身强烈情感的伤害而将其发泄在他人身上，通过非难他人将自身的不安转嫁给他人。

如果不安的感觉太强烈，我就会担心自己被这种感觉摧毁，所以会努力把这种情绪转嫁到他人身上，会指责他人说"你真坏！"。事实上，**暴力是压抑愤怒情绪的结果**，是无力承担内心强烈的情感负担的结果，是自卑情绪和恐惧情绪累积的结果。说到底，暴力也是对需求的表达，但与其说是在表达需求，倒不如说是在掩盖需求。

人们之所以产生暴力行为，其实是想最大限度地向他人传达信息。然而，这个信息被掩饰得如此之好，以致很少有人能理解。谁能理解一个攻击自己老师的高中生的苦恼？谁能理解一个在公共场所乱涂乱画并持枪抢劫有钱人的青年的绝望？其实，这两种人都在试图让他人关注自己的生存状况，在控诉自己每天过的非人的生活。可有谁真正倾听过他们的心声？

转嫁他人是普遍和首要的自我保护机制。"你真坏！"这句话意味着孩子很难承受挫折带来的不安。但如果孩子逐渐得到了足够的重视，他的愿望和需求得到了尊重（但并不是有求必应），那么他就不需要将不良的情绪转嫁给他人了。他会在体验过这种情绪之后明白，自己可以生气，也可以从生气的情绪中解脱出来；他既没有被愤怒摧毁，也没有因此和父母关系破裂。

如果父母总在犹豫是否应该理解孩子的愤怒，那就意味着他们把这种情绪看作孩子与他们进行较量的诱因。他们觉得自己在和孩子进行较量，却忘记了自己的大脑比孩子发育得更完善，并且把自己局限在"不应该由孩子来支配我""我无论如何都不会任由一个孩子摆布"等思维模式中。

其实，有些父母自己就曾经被剥夺了表达情绪的权利。他们儿时的愤怒都留存在内心，随时可能会发泄出来，这让他们感到恐慌。他们表面上看起来可能很愤怒，其实那种情绪背后表达的是他们在童年时期所经历的痛苦，一种不被理解、不被倾听和不被爱的痛苦。

父母不允许孩子生气，其实是在按住那个装满了自己儿时不良情绪的高压锅的锅盖，是在掩盖自己儿时的情绪。

**愤怒是管理挫折的一种手段。它不是为了消灭挫折，而是让我们体验挫折、感受挫折并顺利度过挫折的阶段。**

所以，有些愤怒是健康的、不粗暴的、有益的，还有些愤怒是错位的、过激的、粗暴的、具有摧毁性的。前者需要我们倾听，后者则需要我们对它们进行解密。**所有这些都需要得到我们的尊重，因为它们都在表达着某种需求。**

2

# 解密孩子的需求

我的儿子阿德里安在18个月左右大时，在蒙巴纳斯火车站的一家商店里第一次发了非常大的火。当时我们要出发去度几天假，阿德里安在出租车上睡着了。到火车站时他被叫醒了，那时他睡了不到半个小时。很快他就被周围的环境吸引了，四处张望着，并没有表示任何不满。由于我们早到了一会儿，就打算去买几本杂志。

在商店里，他很快就看中了一袋在我看来化学成分太多的糖果。我不想给他买，就试着跟他商量。我向他提出各种各样的替代品，比如小汽车、摩托车，但都无济于事。他大喊大叫着，在地上打着滚。我想碰碰他，他却双脚乱蹬，完全"失去了理智"。我从来没有见过他这样。我该采取什么态度呢？

给他买一袋糖果，这是一种选择，但这种选择在我看来比任何其他选择都更具破坏性。一方面，这东西对他的身体毫无益处，而更关键的是，他的怒气如此强烈、如此夸张，这很可能和糖果没有关系。如果我给他买了这袋糖，就有可能让他的发泄行为就此突然停止。其实，他喊叫着要糖果的时候，已经快要发火了，因为他没有睡够，所以对任何挫折都无法容忍。

所有的父母都知道，孩子筋疲力尽时就容易大发脾气。因为在那个时候，即使是最小的挫折，他也没有力气去处理。他感受到自己身上有一种难以名状的不舒服感（疲惫），并且为此寻找原因。他有可能紧紧抓住遇到的第一件事作为发泄的借口，比如他不喜欢绿色的小汽车、他想要糖、他很想玩妹妹手里的小熊、汤不好喝，等等。他得找到一个理由，这样他就可以将自己的能量定位并把它释放出来。

如果大脑中的神经元不能控制局面了，一次惊天动地的释放便不可避免。但是，这种释放是有益的，它能教会孩子不再压抑强烈的情绪。

训斥孩子不是明智的选择，因为孩子还没有能力做其他的努力。如果将他的行为表现解释为"你累了"，只会让他觉得自己被侮辱了，唯一的结果就是让他变得更加愤怒。请理解他真正的意图，并帮助他满足这个愿望。就这么简单。

所以，在阿德里安大发脾气的时候，我就陪着他，始终在他身边看着他。等到我不再被他踢到并能触摸他时，我抱着他，帮助他稳定自己的情绪。我对他说："我很抱歉，我选择了一个对你来说不合适的时间出门，没有考虑到你要睡觉。"我对他说，他生气是完全有道理的。

他的姐姐选好了一个玩具后，我也给他选了一辆小摩托车——以他当时的状态是无法做出选择的。后来在火车上，阿德里安玩这个玩具玩得非常开心——这种开心的情绪是在他补足了被打断的午觉后才产生的！如果我们只给姐姐买礼物，而让他眼睁睁地看着姐姐拆礼物，再对他说一句"你就算了，好好安静一下吧！"，这样可绝对不行。因为从生理层面来看，他当时还不可能做到让自己冷静下来。

他因为一袋糖果而大动肝火，这显得有些过激。其实，这是一股被转嫁的愤怒在起作用。他不停喊叫着，直到他真正的需求——睡觉——被满足为止。大概5分钟后，他便睡着了。

不过，我们不要因为这个例子就得出结论：在孩子生气的时候，满足他提出的要求有害无益。

有时孩子大发脾气是想让我们知道，他希望得到自己想要的东西的愿望是多么强烈。我们可以考虑孩子这种强烈的愿望，改变我们原来的决定，给他一个我们原先拒绝给的东西。不要担心这个决定会显得前后不一致，只要保证这种情况不经常发生就可以了。这样做是为了让孩子有机会感觉到自己的需求被重视了。只有大人才会认为孩子在"耍性子"。孩子很少会主动向父母挑衅，和父母较量。当我们通过安抚治疗来理解这种较量时，父母往往能发掘出自己从未有过的最强烈的责任感。在这个过程中，父母会无意识地把孩子的要求理解为一种迫切的需要，或者运用自己的力量为他获取某样东西。孩子很可能会试着反抗，这很正常，但在这样的情况下，大多数父母会得出结论——"他在试探我的底线，他让我忍无可忍"。

我认为孩子尽自己所能做的一切，都是为了尽力吸引我们去关注他的需求。他总是不懂得如何很好地表述一些事情，往往也不太清楚自己到底是怎么了。但如果他很愤怒，那就说明有问题。

作为成年人，我们的责任不是设定一些权威的界限（就像我们常说的那样），而是要**保护孩子免受伤害**。我们的任务是利用我们更发达的大脑和我们的智慧去辨别孩子的需求，帮助他疏导内心的能量，帮助他重获完整的自我，帮助他在受挫折的时候修复自我，或者帮助他在遭遇不公正的待遇时肯定自我。

# 愤怒是一种需要陪伴的生理反应

愤怒是身体机能的一种生理反应。人在愤怒时会分泌肾上腺素，血管会扩张，大量的糖分会涌向身体内脏器官。一个生气的孩子会被巨大的内在能量吞没，会跺着双脚、挥动双手、在地上打滚。年龄很小的孩子挥动手脚是没有规律的，要想确保他不会产生找不到自我的感觉，我们就要拥抱他。要想确保他不被自己的喊叫声、身体的疼痛感或内在的冲动吓到，我们就要用爱使他安定下来，接纳他那具有攻击性的冲动，温柔地对待他，默默地向他传达一条信息——"你生气并不会让人产生可怕的感觉。你看，你的怒火没有伤害我，我依然在你身边，爱着你。你还是我的那个小宝宝"。

随着年龄的增长，随着大脑发育得越来越成熟，孩子的怒火往往会蔓延到肌肉，但此时孩子能够辨别自己生气的真正原因并用语言表达出来。他懂得把冲动抑制在头脑中，再也不会在感受面前束手无策，因为他有能力管理自己的情绪，能够用大脑思考自己体验到的感觉，能够讲述自己的感受，用语言来表达自己。

我猜想，如果一个孩子在生气时得到包容和陪伴，等他将来面对自己的孩子时，就不会产生不可抑制的粗暴的冲动行为了。

我们可以通过对一家两代人的跟踪采访证实这个假设的真实性，或者宣告这个假设不成立。鉴于现在的成年人普遍很难有效而冷静地处理自己的愤怒情绪，我们有理由认为，是时候在孩子生气时改变我们的处理方式了！

幼儿没有办法调节自己的情绪，这种能力需要慢慢培养。另外，幼儿很容易因为疲倦或累积的紧张感而失控。

安娜的父母特别困惑，因为安娜在幼儿园时似乎没有任何问题，总是面带微笑、精神集中、兴致勃勃，但是一到晚上，她就像个恶魔般让人受不了。她会毫无缘由地哭泣，也会因为很小一件事而大发脾气。这是因为，整个白天她都要克制自己、让自己顺从他人、坐得端端正正的、让自己表现得像个好孩子。她积压了很多紧张的情绪，却不敢把自己的感受说出来。到了晚上，她一见到自己的父母就爆发了。她把白天不愉快的事情"呈现"给父母，她终于可以释放自我，放弃所有为克制情绪所做的努力。她还不知道自己为什么烦躁不安，更不用说用语言来表达了。其实那是因为，她信任自己的父母，可以毫无顾忌地在他们面前生气，在老师面前却做不到这一点。

这时父母应该做的，具体来说有下面几点：

★ 包容孩子的情绪。

有时这很难做到，尤其是在大庭广众之下。但请想一想，你这样做是为了孩子的未来！因为，如果他的愤怒有人倾听，这种情绪最多只会持续几分钟而已。

★ 接纳孩子的情绪，帮助他用语言把情绪表达清楚。我们可以根据具体情况，通过一些短小的句子鼓励他表达自己的感受，比如"真的，这不公平""我明白你很生气""要接受这一点的确很难""你很生气，因为你本来想跟我一起走"等。

★ 对待年龄小一点儿的孩子，我们要拥抱他，和他进行身体上的接触。

两岁的孩子生起气来非常厉害，而且声音很大。如果你试着碰碰他，他就会暴躁地推你；如果你稍微离他远点儿，他就会哭得更厉害！他会追着咬你、打你。其实，他显然想和你有身体上的接触。你只要别让他弄疼你，留在那里陪着他、关注着他就行了。一旦你发现这场危机已经过去，就应该向他敞开怀抱，而他也会和你一样张开双臂。如果他还没有习惯用这种方式结束愤怒的状态，你可以温柔地把他抱在怀里，任由他捶打。慢慢地，他就会接受你温柔的爱抚并安静下来。孩子就是这样建立起安全感并渐渐降低愤怒的频率的。

愤怒能让孩子感觉到自己的内在力量。

孩子在地上打滚其实是在表达自己的弱小无能。如果我们允许他表达自己，让他喊叫、大闹，他就能慢慢地重新触摸到自己的力量。

在大声喊叫的时候，孩子会感觉到自己的全身因为愤怒而颤抖着。对孩子来说，这个体验自我的时刻非常重要。我们一定要"不加指责"地由着他，当然也不能加以鼓励！"这种愤怒非常棒"与"你生气的时候真难看"或者"马上给我停下来"相比，并不会让孩子感觉更好。

不要做任何评判！我们倾听并尊重他的愤怒情绪就已足够。如果孩子已经把注意力转移到其他事物上，我们就没有必要重新点燃他那已经熄灭的怒火了。

如果孩子因为疲惫而失控的话，我们可以为他进行一次舒缓的按摩来帮助他入睡，这比强迫孩子在卧室里单独待着要有效得多。

★ 如何对待年龄大一些的孩子。

如果怒火淹没了他，让他失去了控制，你可以建议他到另一个房间去大声喊叫。这个房间可以是他自己的卧室，也可以是客厅或者卫生间。在那里，他和家里其他成员都隔离开来，他可以听到自己的愤怒，感觉自己内心的怒火，用喊叫的方法来发泄，甚至可以捶打靠垫，直到内心重归平静。

提这个建议，不是让父母用盛气凌人、气急败坏的口吻对孩子说"去你的房间冷静一下"。我不是建议你和孩子保持距离，而是要你对孩子的感受表示尊重，而且他的情绪的确需要一个空间才能得到释放。这种做法和惩罚没有任何关系，它是家庭中任何成员都可以使用的发泄方法。另外，你自己可以示范一下。比如，你在自己的卧室或者卫生间里喊一喊，让自己平静下来。有些家庭就专门为发泄情绪腾出了一个房间，房间里配备了沙包或一堆靠垫。这个房间最好有很好的隔音效果，大家都可以在那儿随意发泄，给自己留一点儿时间来思考、沉淀和关注自己的内心。

从这个房间出来后，孩子重新回到正常的家庭生活中。如果他的怒火和某位家庭成员有关，从房间出来之后，他就能明确自己的要求。如果他的怒火来源不明或者过于强烈且不合常理，从房间出来后，他将重新回到正常的状态。

孩子多大我们才能使用这种方法呢？有些孩子三岁多就可以使用了。总而言之，使用这种方法的前提是孩子不仅有能力关注自己，还可以流畅地表达自我，而且有清晰的思维能力。此外，孩子只有在他人的帮助下、做好心理准备之后，我们才能使用这种方法！也就是说，孩子要得到接纳他的怀抱，要感到足够温暖，才能做到自己管理好自己。

　　如果你没有发泄怒火的空间，有一个"愤怒靠枕"也可以。这个靠枕只能用于发泄愤怒情绪，谁都不可以坐在上面，也不可以靠着它或者枕着它睡觉。它可以让我们捶打、让我们咒骂或者被我们扔到墙上。

　　如果家庭气氛紧张，孩子们总是吵架，我们可以组织一场靠枕大战。先把一些重要的摆设搬开，父母和孩子分成两组对战。然后，飞吧，小靠枕！能量被释放出来，孩子的笑声就会替代怒火。"战斗"可以让我们和孩子重新建立起默契的关系。

# 4

# 当父母愤怒时

有一天，我非常生气，抓着玛戈前后摇晃，还对着她大喊大叫。她哭了，然后很生气地说："你没有权利这么做，妈妈！"

我立刻停了下来。她是对的，我没有权利这么摇晃她，让她害怕。我的确精神紧张，但这不是伤害她的理由。因为，在面对自己的妈妈时感到恐惧，这对孩子来说是一种极大的心理伤害。

我听到女儿说的话，于是气消了。我向她道歉，并把她抱在怀里安抚。

又有一天，我不知道因为什么，非常突然地对她说："你真烦人！"

她看着我，反驳说："你没有权利这么说我，妈妈！"

"的确，亲爱的，你说得对。"

我坐在她身边，接着说：

"我没有权利说这些石头般的话[1]。我刚才这么说是因为我失控了，

---

1. 我喜欢法国著名儿科医生、作家 Catherine Dolto-Tollich 的这种表述："水般的话"很柔和，而"石头般的话"很生硬，会让人受伤。——作者注

生气了，但我应该说'我很生气'，而不能说你怎么样。如果我对你说'你真烦'，我就会伤害到你，而且这也不能让我冷静下来。请原谅我。"

人无完人，我们都习惯把属于自己的困难转嫁到他人身上，还幻想着这种情况不会再发生。关键在于，我们要允许孩子去体会这种不公正的感觉并把它说出来。而且，他生气是理所应当的，他只有发怒了才能把我们拉回现实，才能让我们意识到究竟发生了什么，并且为自己的行为道歉。这没什么不好。

不过，如果大人（或者另一个孩子）讽刺、伤害、侮辱或者讥笑一个孩子，而他无力回击或不敢回击，那么这个孩子可能已经遭受这种伤害很长一段时间了。

在亲子关系中，如果父母在绝大多数情况下都能做到尊重孩子，那么即使父母在某一个极端生气的时刻对孩子大加责骂，也不一定会给孩子带来精神创伤。但如果父母在一个敏感时期说出某个不恰当的词，就可能使孩子多年后依然有心理阴影。我们最好不要冒这个险！

况且，了解自己的感受，不把自己的情绪转嫁给孩子，父母才能关注自身，才能意识到自己的问题。**相反，如果把错误归咎于孩子，父母很快就会筋疲力尽！**

## 表达自我的、正当的愤怒

有的父母由于害怕让孩子受到精神创伤，从来都不发火。他们不认为自己有需求，从而一直压抑自己的感觉。这种做法最大的坏处就是，孩子会在无意识的状态下把父母没有发泄出来的愤怒背负在自己身上，而且以后会把它释放出来，而他自己其实并不确定这腔怒火从何而来，因为它本来就不是来源于孩子的。孩子可能会变成真正的暴君，面对小小的挫折也会火冒三丈。和我们常常听到的恰恰相反，这并不是惩罚导致的后果，也不是因为父母过于严格，而是因为父母压抑了自己的怒火！

我们能够，也应该学着用"我"来说话。只需要试一两次，你就可以看到自己有什么变化，也可以看到孩子会有什么反应。

如果你生气了，那么：

1.你可以感受一下内心这股怒火的力量，让它蔓延到全身。好好感觉一下身体的变化，什么都不要想。

2.你要明确自己生气的真正原因。孩子的所作所为只是一根导火索，那你生气的真正原因是什么？你觉得自己很没用吗？你送孩子上学迟到时，害怕看到老师和孩子责备的眼神吗？你上班迟到时，害怕看到老板责备的眼神吗？是因为你在家里什么都得做，烦得要命，你的丈夫却慢悠悠地下班回家吗？还是因为你母亲刚给你打电话抱怨她多么孤独，并为她静脉曲张的毛病诉苦？或者因为你已经筋疲力尽，很想去看看电视上的比赛节目？

也许，就在你意识到真正让自己生气的原因的那一瞬间，你的怒火马上熄灭了，而且你会被指引着把自己拥有的能量用在应该做的事情上。所以，你要对孩子说明你的情况。这样，他也会学着像你一样处理自己的情绪。

还有一种情况是，你内心的怒火越燃越旺，这通常有两种原因：

A.与你的孩子无关，请参看第3点。

B.与你的孩子直接相关，请参看第4点。

3.告诉孩子，你因为某件事情生气了。告诉他真正的原因，不要担心这会损害你的朋友、同事、母亲、父亲或者婆婆的形象。你要维护的应该是你孩子的利益，不要让他承担与他无关的责任。

告诉孩子你需要离开几分钟，让自己冷静一下。你可以走进另一个房间，如果需要，就去卫生间，然后吼几声！你可以坐在"愤怒靠枕"对面，想象它就是那个让你备受折磨的人。你可以对着它大喊、大哭，把它当成那个人并和它说话；如果需要，你还可以通过捶打靠枕来发泄怒气。

喊叫或者大声说话会让人感觉舒服，也特别有助于释放自我。前提是，你要有意识地这么做，而不是因为情绪失去了控制才这么做。

如果你没有一个特别的房间来发泄怒火，那就要注意：别对着你的孩子大喊。你要提前告诉他："我非常生气，这不是你的错，是因为……（告诉他真正的原因）。我现在需要喊一喊。"然后，你要转过身去喊："我受够了！受够了！受够了！……"

一旦你觉得身心轻快了，就可以跟孩子好好聊一聊：

"我大叫的时候对你有什么影响吗？你被吓到了吗？是的，有人大喊大叫是挺吓人的，但你知道这跟你没关系吧？你知道我为什么会大喊大叫吗？"

表达自己的愤怒，对孩子来说也是一种需要学习的重要方法。

如果孩子误解了你生气的原因，你就要及时纠正。如果他说"你生气是因为我打碎了杯子"，你就要明确告诉他："其实不是。我在那之前已经生气了，你打碎杯子只是多出来的另一件小小的烦心事。我之前就在生气，因为银行拒绝了我们的贷款申请。谁都可能打碎杯子，这没关系。而且，银行不给我们贷款跟你也没有一点儿关系。"

4.你是真的因为孩子生气。你希望他改变某种行为，因为那有悖于你的标准。我再强调一次，你的态度对他来说，不管是有意的还是无意的，都起到了一种示范作用。在阐述你的需求时，你要特别注意，不能一味地指责孩子。我们在表达时可以采用下面这些例句的模式：

> 当你……（孩子的某个具体行为）时，
> 我觉得……（我的感受，我的情绪）。
> 因为我……（我的需求）。
> 我希望你……（此时要提出一个具体的要求，以修复两者之间的关系）。
> 这样才可以……（为激励对方做出回应而设想一个可能实现的愿望）。

请看下面这两个例子：

①当你说想吃面条，我做了而你没吃时，

我觉得很生气。

因为我给你做了饭，我需要感觉到我的付出是有意义的。

我希望你能明白，当我答应你的要求做某件事而你不接受时，我会有什么感受。

这样我才会更愿意为你做你要求我做的事情。

②当你把你的脏内裤丢在地上时，

我很生气。

因为我受不了总是不停地为你收拾东西，我更希望和你一起做点儿其他事情，而不是整天忙着整理你的这些脏东西。

我希望你能理解我的感受，把你的内裤放到洗衣篮里去。

这样我们才可以相处得更好，才可以一起玩得很开心。

这样寥寥的几句话，尽管看起来很简单，实际上却很复杂。它需要我们意识到自我，也意识到他人。首先，我们要对一个具体的行为进行界定，而不是泛泛而谈、以偏概全或横加指责。这样做并不容易，因为"你总是不听话""你表现糟糕""你让人受不了"这样的话总会不假思索地脱口而出。

而且，我们一直没有表达自己感受的习惯，以至于总是不知道用什么字眼来准确描述。我们可能会把一种情绪说成另一种情绪，比如我们本来想说"你凌晨两点才回家，我很担心你会出什么事儿"，却说成"你凌晨两点才回家，我很生气"。在这种情况下，父母产生愤怒的情绪是毫无道理的，除非孩子和父母之间对几点回家有特别的约定。事实上，担心才是最合理的感受。

更糟糕的是，要探测到对方真正的需求并把它表述出来，这一点尤其困难。

就眼前的问题提出一个可行的要求而不管将来、不做任何承诺，其实并没那么简单。

总之，倾听是一门艺术，我们要倾听某种伤人的行为带来了什么后果、怎样伤害了两人的关系，要给对方足够的关注，促使他满足我们的要求。上文中"这样才可以……"这个句式听上去像是在要挟，其实它只是在回答下面这个问题：

"如果别人满足了我的要求，这对我，对我们的关系会带来什么改变呢？"

很重要的一点是，对方能够因此获益，否则他凭什么改变自己的某种行为呢？

虽然这么说，但往往前三个句式就已经足以解决问题，即"当你……时""我觉得……""因为我……"。

"当你打你的哥哥时，我很生气，因为我不希望有人感到疼痛！"

"当你穿着沾满泥的鞋子走进来时，我很生气，因为我刚擦了地！"

这个句子能够保证我们不产生过激的表现，能让我们考虑到自己的底线。事实上，我们也不会用下面这两句话来解释自己的情绪：

"当你拒绝服从我时，我很生气，因为我需要感觉到自己比你更厉害。"

"我的儿子，当你佩戴耳环时，我很生气，因为我害怕别人说些闲言碎语。"

如果我很生气的话，那只可能是因为某件与我相关的事情。否则，生气的表现就会演变成控制他人的欲望。

所有这些都需要我们去练习。当孩子对我们说"你真坏"时，不要太当真。要仔细揣摩他说的话，他要对我们说的可能是：

"当你要求我关电视时，我很生气，因为我想看。"

我们要通过示范让孩子学会用语言来表达自己的愤怒。

# 5

# 当你想打人时

**当你想动手打人时，为了避免产生暴力行为，请参看以下几点建议：**

★深呼吸，这样可以让你恢复正常状态，而不会失去理智。

★你知道你有权利产生打人的想法，但不能付诸行动。听听你内心的声音，如"我实在很想揍他"，然后在脑海里想象这样的画面。

你可以对孩子说："我想打你，但我不会这么做，因为我不想让你感到疼痛。我没有权利打你，但是我有权利这么想。"

★倾听你自己的需求。想办法满足自己的需求或者制订一个计划，以后再完成这个心愿。

★站在孩子的角度思考问题，了解孩子发生了什么事情，是什么原因导致了他的这种行为。

★回忆一下，当你和你的孩子一样大时，你是什么样子的。回忆一下当时的你遇到相同情况时的感受。

★回想你在孩子身上倾注的爱，并且想象一些和他在一起时的幸福画面，比如他出生时、他迈出第一步时你是多么欣喜，还有母亲（父亲）节那天他为你做的礼物等等。

★把接力棒传给爱你的人吧!

如果你独自抚养孩子，那就打电话给你的朋友（无论男女）以减轻自己内心的压力。

# 6

# 孩子易怒吗？

一位母亲带着他的儿子来我这里咨询。斯蒂芬正在读小学三年级，他在上课时表现出攻击性，总是和老师顶嘴，还被其他家长抱怨说他会打人。

我是怎么分析这个问题的呢？我认为是因为孩子的某种需求没有得到满足。某种特殊行为的背后总隐藏着一个积极的愿望。斯蒂芬试图表达什么，可能与某种缺失、某次挫折或者某次不公正的待遇有关。

和他简短交谈之后，我发现他上课时感到十分无聊，而他所有科目的平均分居然能够达到19分[1]！

为什么他要顺从他人的意愿，让自己待在一个不符合他知识水平的班级，连续几小时听课呢？可是，没有人倾听他的感受，没有人对他的需求表现出任何关注！这些压力不断累积，所以他不得不为此找到一个出口。他本来可以在学习的过程中压抑自我、封闭自我，为自己选择这样一条摧毁自我的道路，但他（无意识地）选择了把这种破坏性的冲动

---

1. 法国评分制的总分为 20 分，19 分是非常优秀的成绩。——译者注

投射在自身以外的事物上。

斯蒂芬有一个大他三岁的哥哥，哥哥总会带着他玩。即使哥哥不在，哥哥的玩伴也总会来找他玩。他融入了哥哥的朋友圈，而且从来不跟他们打架。

斯蒂芬在和哥哥的玩伴一起玩时，他觉得自己很"大"；而和班上的同学在一起时，他觉得自己很小。但是，没有人愿意觉得自己很小。斯蒂芬不只是无聊，他还不得不和让自己感觉年龄变小了的同学们待在一起，所以他讨厌这种感觉。

是什么让斯蒂芬这么快就成熟起来的呢？是什么促使他在智力水平上突飞猛进，在学校变成一个和他哥哥一样的优等生呢？

斯蒂芬很多年都没有见到父亲了。因为缺少父亲的陪伴，他的哥哥扮演了父亲的角色，哥哥就是他的领路人。他常和同龄的孩子吵架，但其实很可能是因为他羡慕对方有父亲！攻击行为的背后总是掩藏着某种缺失。

终于，住得很远的父亲打来了电话，于是斯蒂芬知道假期就可以看到父亲了。这个电话非常及时。他一点儿也不好斗了，因为他有了安全感，因为他知道他的父亲爱着他。

很多与孩子分开的父亲都不怎么给孩子打电话，甚至会完全从孩子的生活中消失。要在这种没有父亲的环境中生活是非常痛苦的。为了不让孩子因为自怨自艾和压抑自我而走上毁灭自我的道路，为了不让他把危险的冲动发泄到他人身上，我们要鼓励他用语言把自己的缺失表达出来，和他人分享自己的恐惧、愤怒、悲伤（有时可能是内疚）的感受。他需要在某人的怀抱里释放自己的绝望情绪，用这种方式逐步和这种悲伤说再见。

当孩子无缘无故地做出某种攻击行为时，我们需要寻找深层次的原因。

## 月球上的灰光[1]

菲利普和卡特琳娜夫妇把他们的儿子带到我这儿来。菲尔贝两岁了，正处于爱生气的年龄段。但即使这样，他还是显得太易怒了。他每天要生气很多次，而且每次生气都要持续一个小时以上。他的父母再也受不了了，所以决定向我咨询。

我问了几个关于菲尔贝和他父母的问题，重点了解了他出生时的情况。我了解到，卡特琳娜的母亲在她怀孕期间去世了。了解更多之后，我发现，卡特琳娜和母亲的道别其实根本没有完成。在她母亲去世的那段时间里，卡特琳娜觉得自己被绝望的情绪淹没了。她的母亲和她的关系一直不太好，却就这样离去了。卡特琳娜没有机会朝母亲发火，因此，她无法进入悲伤情绪的反抗阶段。所以她不得不压抑自己，把愤怒和绝望的情绪埋在心底。

和所有孩子一样，菲尔贝很爱自己的妈妈。看到妈妈痛苦，他无法忍受，于是就把妈妈没有说出来的情绪给承担了下来。孩子是名副其实的吸水纸。他吸收了自己父母没有说出来的愤怒、恐惧、悲伤以及压力。因为没有人告诉他这些感受从何而来，所以他身边的任何一个东西都有可能成为他发泄情绪的借口，然后他就"无缘无故地大发脾气"。真的是无缘无故地大发脾气吗？其实他是在排遣一种难以言表的压力，一种没有被父母认同，也没有被父母承担起来的情绪。

---

1. 这是阿兰·克雷斯佩勒所借用的专业术语。他是我的第一位心理医生，也是我多年的导师和榜样，于1999年去世。在此，我引用这个词来表达我对他的敬意。灰光是地球反射的太阳光照亮了月球，再反射回地球而形成的；在心理学中，这个词非常清晰地表明，孩子的行为其实反射出了父母自己的情绪状况。——作者注

卡特琳娜和儿子进行了交谈。她非常清楚地向儿子讲述了自己在母亲去世期间的感受，跟他讲了为什么他会担负起妈妈那些被压抑的情绪。特别重要的一点是，她告诉儿子："你不用把我的怒气和情绪背负在自己的身上，我自己会处理好的。"菲尔贝听到这些后，他那无法遏制的、没完没了的怒火熄灭了，真是让人惊叹不已！然后，大家终于大大地松了一口气。

卡特琳娜决定通过心理治疗与母亲真正道别。她躺在诊疗床上，向我诉说了自己曾经体验到的愤怒、挫折和痛苦，然后仔细分析了自己父母的情况，也从另一个角度观察自己，把自己的心理调整到了健康正常的状态。菲尔贝因为卸下了妈妈在无意识状态下让他背负起的重担，也不再为别人生气了。

一个孩子特别易怒，但他的生活看上去没有什么缺失，似乎他也没有受到过不公正的待遇，那这是为什么呢？其实，他可能是在表达父母压抑着的愤怒。如果父母否认自己内心的情绪，并且发现无视孩子的情绪对自己有好处，他就更加不知道如何处理自己的这种情绪了。

> 孩子生气次数过多、情绪太强烈，看起来却毫无缘由，是怎么回事呢？
> 这可能是因为：
> ☆累积了太多的压力。
> ☆和眼前这件事情无关，而是由其他事情导致的。
> ☆在表达父母没有意识到或没有表达出来的愤怒。
> ☆掩藏了其他情绪（恐惧或悲伤），但以愤怒的形式表现出来，因为他没有机会或者被禁止表达自己的真实情绪。比如，父母经常说"你是个大孩子了""女孩才会哭""你应该不会害怕"等等。

**孩子生气时，父母应该倾听和尊重他的感受，要学会感同身受。**

# 第六章

# 快 乐

1998年7月11日22点37分，整个法国沸腾了。"我们赢啦！"法国足球队获得了世界杯冠军。赛场上，球员们互相亲吻、紧紧拥抱、热烈庆祝，扑向刚射入最后一球的球员。在巴黎，人们纷纷涌向街头，香榭丽舍大道上人山人海、热闹非凡。所有人都唱着、跳着、大声喊叫着；他们互相拥吻，摇动着国旗，开香槟或者啤酒庆祝。大家一起体验着快乐，一起分享着快乐！

快乐这种情绪总是伴随着成功和爱，总是溢于言表，让我们彼此拥抱。也许正是因为如此，快乐才显得如此令人难以置信。

拥有快乐的能力是心智成熟和幸福的一个重要指标。

# 我们可以学着幸福地生活吗？

40岁的罗兰德生活得很不快乐，觉得自己很压抑，对什么都提不起精神；他总是犹豫不决，甚至连走出家门这么简单的事情都很难做决定；他也很少笑，不知道如何消遣。他和我聊过他自己，谈及父亲对他喋喋不休的批评、母亲对他的过度保护，还有他哥哥的死。他哥哥帕特里克比他大一岁，19岁时去世了。一个人怎么会19岁就死了呢？这令人难以置信。罗兰德的生活依然继续，但他没有意识到他生命中的一部分被遗留在身后的某个地方。他一直没有与哥哥真正地道别。这种道别太难进行，因为非常有可能遭到某些人的质疑和反对。从帕特里克去世的那一天起，家庭聚会上就不再有欢声笑语。"你哥哥都不在了，你怎么还笑得出来！"罗兰德很快明白了，任何快乐、任何活力，从此以后都与他无缘了。

很多人都和罗兰德一样。他们来接受心理治疗，就是为了重新找回对生活的兴趣。因为，他们的日常生活中已经没有快乐了。

我们怎么做才能让孩子保留那份自然、纯真的快乐呢？首先，我们要小心，不要像罗兰德的父母那样让孩子感到压抑，而且自己要有自己的生活，尽可能地让自己感到幸福，让自己去爱，去实现自我的价值。

**当孩子把属于父母的悲伤、挫折和不满担负在自己身上时，他就没有了追求幸福的自由。**

我遇到过很多12岁左右的孩子，他们认为自己的生活索然无味。有这种情况的孩子，他们的父母往往都不在身边。父母们要么忙于工作，要么在日常生活中表现得精神紧张。如果身边没有爱或者快乐，那活着还有什么意义呢？

1998年的足球世界杯让我们重新发现了快乐。民意调查显示，当时的法国人在球赛后的几个星期里精神状态有了明显改善，虽然那时候经济危机已经爆发，大部分人的日常生活也没有太多改变——当然，如果他们不把这个问题看得很重的话。

幸福地活着，向孩子传递对幸福的渴望——至少不破坏孩子对幸福的渴望，这是父母应尽的责任。幸福是一种选择。这样说并不是让我们假装幸福或者整日面露微笑，决口不提生活中的困难，而是要诚心诚意地面对现实。世界杯带来的狂欢对法国来说并不是因为幸运，而是每个球员每天努力的结果，是一个教练面对批判时依然勇敢地坚持走自己的路的结果，是所有人一起英勇决策的结果。

怎样才能抓住身边的每个机会让自己在生活中"获胜"呢？当然不是先抛弃生活，然后再抓住它。要想"获胜"，就要选择一项有意义的工作，永远听从心的召唤，遵循心所指的方向，而不是遵循那些看似有理、实际上却并不合理的规范。

与一个自己已经不爱的男人维持婚姻关系，这合理吗？为了摆脱无法忍受的困境而宁愿让自己患上癌症，这正常吗？放弃自己本来想做的事情，接受父母的安排，然后在45岁时累得心肌梗死，这合理吗？又或者，很多年来我们一直背负着重担并因此无比痛苦，但由于我们不想质疑父母，于是继续保持这种状态，这合理吗？

任何被压抑的情感或没有愈合的伤口都会阻挡我们寻求快乐的脚步。请释放你的情绪，让悲伤开口说话，尽情流泪，把怒火喊出来。这样，快乐就能生长起来。况且，快乐本来就是人类的天性。**有一种快乐很简单，那就是感觉自己活着。**

生活并不是一条平静的河流，而快乐也不会自平淡中涌现。当我们静静地注视着夕阳西下时，能体会到真切而又自然的快乐；当我们收获成功或与朋友重逢时，快乐也会油然而生。

## 表扬与鼓励

如何帮助我们的孩子保留上天赐给他的快乐的能力呢？我们要表扬他、鼓励他。与其总是盯着他做得不好的地方，倒不如在旁边注视着他，也许你会突然发现他正在做一件令你喜上眉梢的事情呢！

他自己爬到衣橱上了？太棒了！

以前你绝对不允许他这么做吗？当然！因为这么做很危险，而且你不确定他能否在不受伤的情况下做到。如果他证明了自己可以，那么，请祝贺他吧！

如果无论他喜欢什么（运动、音乐、数学或文学），看到他勇于探索并获得成功，你都会感到幸福，那么从现在开始，为他获得成功做准备吧！

不要担心孩子会被胜利的喜悦冲昏了头脑，我从来没有见过谁真的因为胜利的喜悦而倒下！一般来说，成功会让我们产生走得更远的欲望，成功是推动我们继续前进的动力。只有失败才会让我们止步不前，因为对失败的恐惧会让我们的表现力下降。

请培养孩子的自豪感，即便是在他面对很小的事情的时候。是什么成就了一位奥林匹克冠军？是自豪，是体验胜利的快乐。未来的冠军，就是那个能从小小的胜利中体会到快乐的人。一位运动明星在接受访问时是这么回忆过去的：

"我很小的时候，一下子能跳两级台阶！我对自己说'哇，太棒了！现在跳三级。哇哦！棒极了！跳四级……'"

他就这么越跳越高。成功能为我们进行新的挑战带来动力。那些没有体验过自豪感的人，那些贬低自己出色成绩的人，都不会有坚持下去的动力。

## 走出学习痛苦论的迷思

学习和超越自我一直都是快乐的源泉。无论从生理上还是从智力上来说，人类天生对大自然心存好奇。人类对学习的渴望非常真切——人类需要获得知识、洞悉世界、寻求生命的意义。

但是我们通常认为好奇心过重是缺点！我们认为学习是索然无味的，要想学到点儿什么，就得经历枯燥痛苦的过程！

但是，所有研究成果都向我们表明，人在学习过程中受到限制时，学习效果明显要比身心愉快时的效果差；纹丝不动地端坐着、低头对着书学习，比轻快放松、"心不在焉"地学习效果差。

如果孩子认为上学很开心，他的父母就会认为他没有认真学习。其实，效果最佳的学习方法就是做游戏或表演戏剧！而这些方法唯一的缺点是什么呢？那就是，它们看起来游戏性太强了。所以父母甚至一些老师会说，这样学习的效率太低！

考试却及时地弥补了这个缺点。真正能让人面对考试不慌不忙的方法，并不是某些人宣传的顺从他人和克制自己，而是要拥有一种积极看待事物的能力、一种能够开怀大笑的能力、一种总能感受到自己内心力量的能力、一种解决问题的能力。说小丑也为儿童医院出了力，这并不是信口开河。当小丑逗得孩子开怀大笑时，他们帮助孩子减轻了疼痛，让孩子得到了放松；当他们帮助孩子天马行空地想象时，孩子的身体也加速痊愈了。

## 2

# 爱

快乐是人们获得胜利时的喜悦、感受到爱时的美好、与故人相逢时的温暖、有新发现时的惊喜以及建立某种良好关系时的心情。

请尽可能多地大胆说出这样温暖的话语：

"我们在一起的感觉真好。"

"和你们在一起生活，我真的好幸福。"

"我喜欢和你们一起吃早饭。"

如果这么表达我的快乐和幸福，我会感觉更加幸福，而且我可以看出我的家人都为此感到幸福。我把自己的心里话特别记录了下来："幸福真好。"说完这句话后，我们所有人都一起品尝到了这种转瞬即逝的幸福。

"如果我们的生活被洗碗、洗衣服、打扫卫生、修补等日常琐事占据，我们就会忘记这个每日的必需品、人际关系最基本的保健品——爱。"雅克·萨罗梅[1] 如是说。**如果没有爱，感情的尘埃就可能会堆积起来，成为我们心灵的祭祀品。它们肯定会和螨虫一样，引起我们的过**

---

1. Jacques Salome（1935~    ），法国心理学家、作家，著有《给心灵深处的信》。

**敏反应！**

最好的办法就是和孩子一起坐下来（或者一起跑步），没有任何目的，只是为了感受生命的活力。

有时，孩子们的所作所为会让我大动肝火。我有工作要做，他们却不睡觉，这让我很着急，于是我可能因为他们提出的一个非常小的要求而火冒三丈。每当这个时候，我就会深吸一口气，看着他们，然后对自己说："他们一个四岁，一个两岁。他们会长大，等他们长大以后我就再也看不到他们四岁和两岁时的样子了。好好珍惜啊！"

于是，我的心融化了。我注视着他们，我爱他们。我的焦虑消失了，因为对我来说，就在这一刻，他们比那些等着我去处理的文件更重要。我不希望等我年岁已高、回忆往事的时候才意识到，我之前居然没有多花点儿时间看看他们是怎么长大的。所以，就这么看着他们长大，和他们生活在一起，单纯的快乐就已经填满了我的心。

## 3

# 游戏、喊叫和欢笑

"别喊了！你们闭嘴！小点儿声！你们在搞什么鬼？"

父母总是对那些开心至极、无忧无虑的孩子很凶。可是，这是为什么呢？如果孩子长大了，如果他们离开了家，父母就会开始无比懊恼地怀念当初那充满欢声笑语的美好时光，当初楼梯上吵闹的那群孩子，还有那一阵阵开心至极的尖叫声。

**一个孩子只有感觉到快乐，才会认为自己的存在是自由的，才会随着自我的节奏自由成长。**否则，谁愿意长大后踏入这个悲惨的世界？谁愿意长大后变成一个不知道玩耍，不知道欢笑，总是一脸严肃的人？

有一次应朋友之邀，我带着阿德里安和玛戈去他家做客。我和两个孩子待在儿童房里，坐在地毯上拿着一架飞机玩，嘴里还发出"轰轰"的声音。那里有很多非常好玩的玩具，有变形汽车、"蝙蝠侠"，还有其他我不认识的太空怪物。我在那里寻找着、感叹着，抓起一个又一个玩具，把玩具放在地上滑动或让它们在空中飞翔。我在那里真的玩得很开心。朋友家一个6岁的小男孩看着我，若有所思。他费了很大劲儿才不再用"您"和"夫人"来称呼我，而是直呼我的名字"伊莎贝拉"。过了一会儿，他问了一个一直压在他心底的问题：

"你也玩玩具吗？可是，你是大人了！大人都不玩玩具的！"

"嗯，不啊。你看，也有大人玩玩具啊。比如我，我就喜欢玩。"

"我爸爸和我妈妈，他们从来不玩。"

真可惜！玩耍，就是沉浸在儿童的世界里，就是和他们一起在幻想的世界里遨游，和他们在特定的场合相遇，比如"假装我是卖东西的，你呢，你来我这儿买东西"。

有些人会说，这不是他们这个年龄的人该玩的游戏。其实，他们可能是因为这样做让他们感觉很难堪、很滑稽或者太小儿科了。他们拒绝回到过去，因为他们有可能与自己的孩子亲密相处，有可能与自己的过去相遇，有可能想起自己还是小男孩或小女孩时的感受。如果和孩子一起玩，勇敢地走入孩子的梦幻世界，坐在地上和孩子一起叫喊，他们就有可能触碰到自己内心巨大的痛苦。某种缺失带来的痛苦会因此重现。他们以前没有从自己的父母那里得到这些，甚至从来都没有权利去玩耍、去欢笑、去跑、去跳、去制造噪声。也许他们太缺乏温情或者玩具的陪伴，以至于他们现在依然无法把一个洋娃娃或玩具熊抱在怀里爱抚。

我们应该先治愈自己儿时的创伤，再去培养自己和孩子玩一些简单游戏的能力。只有这样，我们才能放松对自己的克制，才能重获自由，尽情欢笑，在想象的世界里穿行，在地上打滚。

**欢笑不仅仅是一种快乐，也是一种健康的生理反应和心理反应。**欢笑能够减轻压力，是放松自己的一种最好的练习。适当的欢笑可以让我们降低伤心流泪的概率。组织几场躲猫猫的游戏或者打几场枕头大战，都可以让大家开怀大笑。

孩子的生活重心是他自己与他人的关系，所以，**他的快乐首先是与他人分享的快乐，是和他人在一起的快乐**。孩子为分享而快乐，为与他人相遇而快乐。这就是为什么对孩子来说，出现又消失、消失又出现的游戏，如躲猫猫，会如此大受欢迎。

婴儿会和别人一起笑，但他并不理解什么是取笑。取笑他人能够排遣内心的某种情绪，但那不是一种快乐，而是在感知自己的力量，因为这种行为不会产生任何与他人亲密互动的快感。取笑他人时，那些取笑他人的人会结成同盟。一个人之所以取笑他人，其根源是他内心的自卑感，是他所忍受的痛苦和耻辱。在伤害他人、让自己获得优越感的同时，他达到了报复的目的，让自己的内心情感得到了修复。这种力量创造的兴奋感只是一种虚幻的快乐。取笑他人，对自己和他人都有害。那些取笑人的话不仅让听到的人痛苦，也让说的人难受。成年人应该特别注意这种暗含暴力的形式。

孩子因为和我们在一起而快乐，因为和我们有身体接触而快乐，因为和我们有默契而快乐，因为和我们保持情感上的联系而快乐，因为我们用爱和温情包围着他而快乐。

孩子可以体会到纯生理的快乐，也就是用自己的身体去体验某种快乐，比如捏泥巴的快乐、玩水的快乐或得到礼物的快乐、被爱抚的快乐、被挠痒痒的快乐、自己移动身体的快乐等；也可以体会到智力上的快乐，如学习的快乐、认知的快乐、分享的快乐、提问题的快乐等。

孩子发掘出自己的能力时会惊喜万分。他学习到的一切都是无尽的快乐之源，是巨大的自豪感之源。这种快乐和自豪感能让他感到幸福，他也要与他人分享这种幸福。

◆ 4 ◆

# 陪着孩子一起快乐

分享、微笑、开怀大笑、喊叫、感叹、亲吻、拥抱，这些都能表达快乐的情绪。

不要担心这样太吵，你就应该这样吵吵闹闹地表达自己的快乐，大喊着、蹦跳着、把孩子抱在怀里、把他抛向空中。快乐，是一种身体上的交流。你可以回忆一下，足球世界杯决赛结束时，也就是胜利的哨声吹响时，法国队的球员是什么样子的！

我们也可以唤起孩子的美感，教他发现美：

"看，妈妈，月亮，真美啊！"这句话从一个孩子的嘴里说出来，是多么美妙啊！

说说你看到的事物叫什么，和孩子一起分享你的发现。你将意外地收获一些既深刻又美妙的问题。阿德里安19个月大时，正处在爱问"为什么"的时期。有天晚上，我们骑着自行车在狂风暴雨中前行，看到远处的闪电撕裂了天空，他问道：

"妈妈你说，为什么太阳会发光，却不是闪电呢？"

182

爱和快乐都是让人成长的肥沃土壤。我们说再多"我爱你"或"和你生活在一起我真幸福"也不为过。

不要破坏了这些词语本有的甜美含义。你只要想说，就尽可能地多说，甚至可以一天说好几次。但在说这些话的时候，你一定要看着你所爱的人的眼睛，或者和他有身体接触，要始终带着爱意和温情。

对人说"是的，我爱你"的时候，却只顾着洗碗，连眼皮都不抬一下，是不会让听到这句话的人感到快乐的。

当然，我们不可能永远感到快乐，特别是我们不能假装快乐。但如果你有4/5的时间都不快乐，那么你一定要在自己生活的某个方面做出改变。

过去没解开的心结阻碍你感受幸福了吗？解开这些心结吧！这是你作为父母的职责，否则你的孩子也会在无意识的状态下担负起你压抑着的痛苦，即使（特别是）你从来没有对孩子说起这些痛苦。孩子随时准备放弃自己的个性，努力让自己的父母不要太悲伤或者不要总是怒气冲冲，试图让父母重展笑颜。

我们要在自己的内心找到快乐的源头，不要把自己关闭在抑郁、痛苦和严肃的情绪中。快乐并不复杂。尽管我们会受到外界的干扰，但我们依然可以快乐。如果我们不能依靠自己的力量快乐起来，可以寻求他人的帮助。

内心充满快乐的父母，可以把快乐传递给自己的孩子。这是孩子可以获得的最可贵的财富。

只有让孩子在家庭和学校中都吸收到快乐的养分，我们才能帮助孩子快乐地成长。

随便一样东西就能给孩子带来快乐：一朵雏菊、地上的一颗栗子、一片沙堆、一份能带来惊喜的小礼物、晚餐的蜡烛、球、弹珠、爱，还有温情。

# 第七章

# 悲　伤

四岁的波姆小脸紧绷、嘴唇紧闭、眉头紧蹙，眼泪像断了线的珠子般往下掉。突然，她放声痛哭起来，而她的妈妈紧握着她的手陪在身旁。软垫上躺着一只一动不动的小猫——它死了。波姆一直看着小猫，哭了很长时间后说："再见了，小猫朱乐！"

**悲伤，是在失去某样东西时所产生的情绪。**

当我们失去了心爱的小猫、某只小宠物、某样珍爱的东西，当然，还包括玩具、房屋、花园、学校等时，我们当然会很伤心。**哭泣能够帮助我们把悲伤时产生的毒素排出体外。**

# 1

# 孩子的眼泪让我们心烦意乱

阿德里安在玩一个玩具人偶。突然，他的姐姐和他争抢了起来，最后玩具摔在座椅上，碎了。阿德里安看着自己的玩具摔成一堆碎片，大哭起来。

"别哭了，你快把我们的耳朵吵聋了！"他的姐姐大喊道。

我介入了他们的争端：

"他有权利哭。"然后我对阿德里安说："看到自己的玩具摔碎了，你很难过吧？哭吧。"

对一个小男孩来说，这是多么大的痛苦啊！他很珍惜这个玩具，却因为不小心把它摔碎了。

而我们，往往难以忍受孩子的哭声：

"别哭了！"

"没关系，我再给你买一个新的。"

"好了好了，你以后会交上新朋友的！"

"瞧瞧，你是个大孩子了。去吧，擦干眼泪，否则别人会以为你是个女孩呢！"

……

孩子的眼泪让我们情绪起伏。对大多数人来说，眼泪就是痛苦的代名词；孩子哭的话，肯定说明他很难受。那这是不是意味着如果他不哭，就不难受了呢？我们的想法真是太奇怪了！

泪水，是我们在失去某样东西之后，自身进行修复的证据。眼泪能让我们全身放松，能治愈我们的伤痛。荒谬的是，那些试图安慰孩子的父母，却在某一天控制不住如潮水般涌出的眼泪，哭成了泪人，哭完之后还说：

"哭一哭真舒服。"

**是的，哭泣对身体有好处——尤其当你可以在一个人的怀里放肆地哭，而那个人只是静静地倾听；或者有那么一个人，他接纳你、没有任何的建议或者评论，只是静静地注视着哭泣的你。**

当我们还是我们孩子那么大的时候，我们不被允许流泪，所以我们总是试图让自己的孩子停止哭泣。

说句心里话，我们到底想要什么？是希望他不再痛苦，还是希望不再看到他痛苦？

"别哭了！"这句话实际上暗含着这样的意思：为我考虑考虑吧，看到你哭我很难受，所以不要再让我这么难受了。

这样一来，孩子的需求就被放到了第二位。

但是，眼泪能让我们排遣内心深处的悲伤。**无法哭出来的悲伤会淤积在心底，即使过了很多年也无法释放出去。**

如果一个孩子为了取悦自己的妈妈或爸爸而忍住了泪水，他就会把这种痛苦深深掩埋在心底，为自己原本真实的感受加上一丝孤独和不适。他可能看起来像个"男子汉"，但他长大成人后将变得麻木迟钝，以至于无法理解自己的妻子和孩子为什么会哭泣，也不懂得欢笑，不喝杯酒就没法高兴起来……

**强忍住的泪水会堵住通往爱的道路。**如果眼泪毫无用处，上天为什么会让我们流泪呢？

在马术俱乐部，上午9点是所有孩子集合、为自己选择喜欢的活动项目和坐骑的时间，孩子们全都坐好了。俱乐部女经理先让大家深呼吸，等大家都安静下来后，她对孩子们说道：

"今天，发生了一件非常令人伤心的事情。佩德罗，那匹红棕色的雪特兰马死了。昨晚它和其他小马打了起来，被坚硬的马蹄铁踢到了要害部位。它死了。"

孩子们眼里噙满泪水，她接着说道：

"有时，我们为某些事情开心；有时，我们也会为某些事情伤心。在这里，我们可以看到新生命的诞生，但是，也会有生命逝去。这就是生活。"

孩子们都哭了起来，有几个孩子已经跑去看那匹小马了。

"你们有哭泣的权利。如果你们愿意，我们可以分成小组一批批地去看看小马。如果你们不想骑马，想待在这里守着小马，今天上午你们可以一直待在这里。小马的尸体中午会被运走。"

于是，孩子们排好队，神情凝重地依次从这匹小马的尸体旁走过。有些孩子还自发地去采了一些花。很快，小马身上铺满了鲜花，安详地躺在马厩里。马厩里充满了悲伤，很多孩子因为流泪小脸变得通红。孩子们上前抚摸着小马做最后的道别。对一匹小马来说，这是一次凄美的离别；而对小骑士们来说，这也是一次非比寻常的经历。

死亡是生命的一部分。允许孩子看到或者触摸（如果他想这么做的话）一只死去的动物，允许孩子感受自己的痛苦，允许他花些时间与它道别，允许他在动物离开前明白自己再也看不到它……所有这些，都有着非凡的意义。

## 死亡意味着什么？

奶奶去世了。玛尔琳为了把这个消息告诉5岁的儿子安托万，显得战战兢兢、异常小心：

"她去了很远的地方，再也不会回来了。"

安托万看着自己的妈妈，用一种满不在乎的口吻说：

"哦，她死了！"

孩子只要经历过秋天，就知道有落叶。他应该看到过被人拍死的苍蝇、蔫了的花朵、柏油路上被轧死的鸽子，甚至还会发现一只一动不动的仓鼠。不同年龄的孩子，对"死亡"这个词有着完全不同的理解。一般来说，孩子9岁左右时无法理解死亡的不可逆转性，但这并不意味着我们因此要对他讲一些没有意义的话，找一些没有意义的借口。

孩子在生命的前10年中完全没有经历过自己比较喜爱的某只宠物死去或者某个人离世，这种情况很少见。一条红色小鱼或一只小狗、一位祖辈、学校里的某个小伙伴、父母的某位朋友、兄弟或者姐妹，甚至是父母，他们都有可能突然死去。但并不是所有孩子都能明白，不同事物的永远离去是否同样重要！那父母应该怎么回应孩子呢？说实话！

说实话并非要我们突然告诉孩子一个他还无法理解的事实，猛地给他一击。学校里的某位朋友去世会让你心绪起伏，一条红色小鱼死了会让你感到难过。我们的情绪直接影响着孩子，尤其当这些情绪没有被表达出来的时候。

父母的离世让你痛苦，一位老同学的逝去让你伤心，一条金鱼的死让你不安。孩子会直接感受到你的情绪，即使你没有表露出来。

孩子能感受到，也能明白这个事实，所以没有必要对他隐瞒。如果你真的隐瞒了，一方面，他可能会感到惊恐不安，而另一方面，他可能会不再信任你。被掩盖的秘而不宣的事情要比说出来的事情更让人害怕。孩子会隐约觉察到你没有对他说实话。总而言之，他会不再信任你，或者对自己失去信心。

如果你固执己见，坚决否认事实，孩子就会开始怀疑自己观察到的事实，并且产生消极心理。就像你否认他隐约察觉到的事实一样，他会因此推断出对于某些事情他没有权利知道。这可能会带来其他方面的问题。比如，为了向父母表明他很乖，他会隐瞒在学校发生的一些事。

心理学家现在很确定的一点是，事情的真相带来的伤害比我们想象的要小一些，即使这些事实听起来令人非常痛心。

他的爸爸自杀了吗？他的妈妈因为交通事故去世了吗？他的妹妹因为身患癌症而去了天堂吗？他需要知道这些，这很重要。要对他说明实际情况，同时要注意这些事情会让孩子在头脑中产生什么样的画面。倾听并向孩子提出和他的想象有关的问题。不过，即使你非常清楚地向他说明了一些事情，他的情绪也会像放在他耳边的一台过滤器一样，导致他曲解你的意思。

要允许他多次提到与死亡有关的话题，允许他讲述他的感受、他的想象，允许他提到脑子里想到的所有问题，甚至那些在你看来荒唐可笑的问题。

倾听他的想象，只有在他陈述有误或者描述的画面充满暴力时，才进行纠正。

向他好好解释他的父亲为什么会这样（永远离开他），解释事情发生的背景，尽可能地向他解释父亲身患疾病的原因。孩子很有可能认为身边突如其来的一切都是自己造成的。要再三对他强调，他对此没有任何责任，他有权利体验所有的感受；他可以感到愤怒，也可以感到悲伤。

是的，他有权利感到非常生气：那个曾经身为他父亲的人突然狠心地离开，或者说狠心地将他抛弃了。不管死亡、自杀、疾病或车祸的原因是什么，孩子都会认为自己被那个曾经深爱和需要的人给抛弃了。最关键的是，要让他有自己的感受，并且表达自己的愤怒。

伊丽莎白·库伯勒·罗斯是一名瑞士医生。自开始从医直到1999年1月去世，她曾耐心地倾听成千上万的成年人和孩子临死前对她的倾诉，她曾陪伴成千上万人度过死亡前的时光，帮助他们的家人对逝者做最后的道别。在她的著作中，她公开了那些人对她吐露的心声，记录下了自己观察到的一切。现在大家一致认同要在逝者离世前与他道别，这个阶段非常重要。她是第一个对此类问题进行描述的人。当我们面对父母离世的事实时，要经历下面几个阶段。这个心理过程其实和自己心爱的宠物死去时一样：

首先是否认事情的发生：

"不，他（她）没有死。这不可能。"

接下来是愤怒：

"这不公平，爸爸。你好坏，你没有照顾好小仓鼠。"

"你为什么走了，我不要你走，这不公平！"

这个时候，如果你试图让孩子平静下来，并说出类似"你知道，你的小仓鼠已经很老了""我再给你买一只吧"这样的话，或者动之以情，说"你爸爸（妈妈）也没有办法，你知道，他（她）那么爱你"，所有这些都可能会给孩子带来伤害。

孩子需要的是发泄怒火。

所以，在他哭泣时，我们要倾听、接纳他的情绪，说类似"你以前那么喜欢你的小仓鼠""你真的很难受""你生气了，你希望他（她）能跟你在一起"这样的话。

接下来，孩子会陷入消沉的情绪。这时，孩子处在一个回归内心的阶段。周围的一切，他都不再感知。他会沉浸在过去，重新回忆自己和逝去的这个人或宠物的关系。所以，我们要陪着他、让他哭、让他诉说。在接受事实之前，他必然会感到悲伤。

接受这个事实之后，他可能变得依恋他人。这意味着他与离开的人或宠物的道别已经终结。

某人的离世或者某只宠物的死亡，可能会让孩子想起另一个自己深爱的人。孩子提问并不意味着他很焦虑，只有大人不回答或者回答得含糊其辞，才会让孩子感到不安；提问后没有得到答复才会让人焦虑。不过我们也要明白，过度的安抚也不起任何作用：

"我不会死的。亲爱的，你也是。只有那些非常老的人才会死。"

他很可能这样反驳你：

"那小马呢？它死了，可是它不老啊！"

这时你就必须澄清说：

"那是一次意外。"

孩子不傻，他知道人可能因为意外死亡，但是他感觉到妈妈在尽量避免跟他谈这个话题，而这正是让他害怕的地方。避开这个话题就意味着其中可能有什么风险。而让孩子知道事情的真相，他就不会那么惶恐不安。因为只有这样，他才可以自由地表达自己的想法、辨明事情发展的方向，并且可以为了理解事件本身、弄清事实真相、减少心中的疑惑而提出相应的问题。

孩子可以和你一样从容地接受死亡。除非他自己身染重病，否则9岁前他对死亡并不会有非常清楚的认识。他可能会提出一些让人心烦意乱的问题，自己却不觉得这是多大的事。比如他可能问奶奶："你说，你什么时候死呢？"他也可能问妈妈："你知道，妈妈，如果你死了，你所有的珠宝就都归我了。"这是玛戈四岁时对我说的话。后来，她又问我奶奶死了没有，并且加上一句："如果她死了，我们就可以给她的灵魂寄一张明信片了。我们在她的胸前放一封信，这样就可以每天看到她了。"

有些患绝症的孩子从容得令人震惊。如果我们懂得如何倾听而不夹杂自己的焦虑，就可以发现，他们知道自己什么时候会死，在谈论死亡时也很轻松。如果周围的人不能理解，他们就会闭口不谈。他们极其敏感，随时准备牺牲自己的需求，不祈盼别人和自己交流，不要求别人安慰自己，以免让父母难过。这些孩子如此需要我们的保护，我们怎么还能强迫他们接受如此多的约束呢？

# 2

# 悲伤是一个修复的过程

　　波姆洗澡的时候，那只死去的小猫被装进塑料袋中，然后放进一个大纸箱里。波姆的爸爸要带它去兽医诊所火化。小女孩对她心爱的小猫朱乐说了最后一声"再见"。然后，她在妈妈的怀里泪如雨下，哭得非常伤心。

　　过了很多天，波姆依然不停地说着关于那只小猫的事情。

　　"它喜欢躺在沙发上。如果朱乐还在，它就会追着这个弹珠跑……它死了我很难过。"

　　渐渐地，朱乐在她口中出现的次数越来越少。

　　"可是它会永远留在我心里，我永远不会忘记它。"她这么说道。

　　说出这种怀念的话是整个道别过程中必经的一个阶段。经历了震惊、否认、拒绝正视、愤怒、因无法接受而反抗、讨价还价、努力与命运进行最终的协商，随后到来的便是悲伤。

　　"别再想了，你这样会让自己很难受""想想以后吧""你这么激动到底是怎么了"，这些是我们经常听到的话。有些父母甚至会在接下来的那个星期就去为孩子重新买一只小猫或者仓鼠。

## 重新修复孩子的情感

悲伤这个阶段很关键。当我们悲伤时，我们会让自己沉浸在回忆中，这么做不是为了"让自己难受"，而是为了让自己意识到"失去了某样东西"这个事实，是为了修复自我，是为了在丢失了自我之后重新塑造一个完整的自我。

依恋身边的某个人对孩子来说是一件自然的事情。除了人以外，孩子的依恋对象还包括饰品、家具、墙壁等，这些对孩子来说都是具有某种特定意义的标志。当他很小的时候，这些东西就像他自己的衍生物——他身边的一切都是他身体的一部分。它们中的**任何一个不见了，对他来说都意味着自己身体的某一个部分丢失了。**

如果某个人离我而去，他不会再重新回到我的生活中，我会再次想起我们一起度过的时光，会不断回味我们曾经一起生活时他给予我的一切。如今，他离去了，我身体的某个部分就像被剥离了出去。悲伤就是一个修复的过程。我会仔细观察那个属于我自己，也属于自己心爱的、却已离去的那个人的地方，我会填满心灵的每个空间，我会发现一些隐藏的情感，我会剔除一些东西，一步步地让自己认同自己已经失去了他，我会把裂缝重新填补好。

沉浸在回忆里的确让人痛苦不堪，也让我们泪水涟涟。但每次为某个回忆而哭泣，其意义非常重大：它能让自己接纳这段回忆，把它放在心上，把它变成自己的一部分。那个人离开了，但他在我们心里留下了一些印记。

## 接受不可抗拒的事实

婴儿含着妈妈乳头的时候感觉很舒服，觉得生活非常美好。妈妈的乳房简直妙不可言。后来，他又饿了、他肚子痛、他不舒服、他哭喊着，可是妈妈没有来。这时，妈妈的乳房就变得坏透了，因为它让自己感受到挫折。在生命最初的一段日子里，婴儿的想法总是在妙不可言的乳房和坏透了的乳房之间摇摆。我们把这个阶段叫作"偏执型精神分裂症阶段"。说他精神分裂，是因为婴儿的世界被劈成了两半；说他偏执，是因为婴儿会因为自己产生了大量攻击性的冲动而感到害怕。

接下来的阶段叫作"消沉阶段"，但这决不是病理意义上的消沉抑郁，而是一种正常的悲伤。这个阶段意味着，孩子接受了一个事物有好坏两个方面，乳房也有好坏两个方面的事实。我的妈妈既不完全好，也不完全坏，她有时好有时坏。他和那个认为事物非黑即白的阶段永别了。他看到了现实中有白、有黑，还有灰。这让人很难过，因为他不得不舍弃那个永远都是好的、从来都不让人失望的、理想化的母亲。他抛弃了那个美好的想象，开始重新思考："我在和一位有时有奉献精神、有时又让人失望的母亲打交道。这个真实的人有自己的需求，存在于我的身体之外。她不像我想的那样，不能满足我所有的愿望。"

有些人一直都没有接受这一点，依然停留在事物非黑即白的价值观里。他们认为事物非黑即白，所以看不到中间有那么多的灰色地带。

**3**

# 在孩子悲伤时陪伴着他

我们要陪孩子从悲伤的情绪中走出来，只需要给他一个空间让他哭泣，用简单的话语鼓励他，如"这很难……""你真的因为……而非常伤心""想到再也不能见到他，这真叫人难过"等等。

一般来说，当某个人哭泣时，你可以通过身体接触让他停止哭泣，但前提是你要让他感到足够真诚。

所以你可以把孩子抱在怀里，紧紧地抱着他。你在保持平静的呼吸的同时，也感受一下孩子的呼吸，用心去接纳他，并鼓励他尽情哭泣："哭吧，我的宝贝。把你想哭的一切都哭出来！"

哭泣能帮助我们接受失败，所以如果孩子没有赢得游戏，不要说"别哭了，下次就会轮到你赢了"，而要说"我理解你，我的小宝贝，失败的确让人难受"。

这么做对你来说很夸张吗？试试吧。无论如何你都会发现，当孩子流泪时，如果你对他的哭泣不加理睬，他就会哭得更厉害，时间也会更长。

# 第八章

# 消　沉

　　消沉和短期的、自然产生的、正常的抑郁完全不同。消沉的状态可以持续好几个星期，好几个月，甚至好几年。

　　消沉看起来和悲伤相似，但它没有疗伤效果。它是多种情绪混杂在一起后发生的一种情感堵塞。

　　如果孩子表现得很消沉，那就说明他身上存在着某个没有解决的问题或者没有被人理解的巨大伤痛。

# 如何分辨消沉？

一个少年从早到晚脸上都暗淡无光，这很容易被我们发现。但年轻人身上的消沉通常很容易被掩盖。消沉会披上不同的外衣、不以真实的面目出现，比如表现为冷静异常、循规蹈矩或躁动不安，所以让人难以辨别。

一个孩子在学校过于冷静或者过于出众，很少会引起成年人的警惕，而这恰恰就是消沉的多种表象中的一种。孩子应该是充满活力的。如果他太顺从、太乖巧，那他肯定把一部分活力压在了心底。

弗朗索瓦11岁。他非常安静，在学校表现得很出色。但实际上，他没有什么爱好，也从来没有任何计划。他不知道假期应该去哪里，也不知道下个周末要做什么。除了整日与电脑做伴，他几乎没有其他兴趣爱好。弗朗索瓦情绪稳定，喜欢沉思，他的生活平淡如水。他对自己的生活不管不问，就好像生活并不属于他。

让我们来看看他行为背后的原因吧。弗朗索瓦的父母经常吵架，因为他的父亲有了外遇并欺骗了他的母亲。父母以为他们的儿子对此一无所知。他们总是非常小心，从不让孩子听见两人的争吵。然而，自从弗朗索瓦单独和我交谈后，我很快就发现，他知道在父亲的生活中还有另外一个女人，也知道母亲非常难过。可是他不能对父母说这些。当父母吵架时，他从来没有表露自己的伤心，而把一切都藏在了心底。既然父母不跟他说这些，那他自己也不能说出来。而且，他非常担心把一切挑明之后父母就会离婚。他最不想要的，就是觉得自己是造成父母分开的罪魁祸首。他多么希望看到父母永远相亲相爱啊。

当父母和他谈论这件事情时，他才说出了自己的体会，感受到了自己的愤怒。把愤怒发泄出来才有机会酝酿眼泪，于是他开始哭泣，把内心背负的一切重担都卸了下来。一个消沉的孩子是一个正承受着痛苦的孩子，一个失落的孩子，因为他失去了某样东西却不能、也没有权利表达。而如果孩子不能就此进行任何讨论、不能诉说内心的感受，就会慢慢滋生消沉的情绪。

消沉的另一种表现形式就是躁动不安，大部分家长对此没有任何怀疑。**过分好动是与消沉相反的一种表现形式。**它往往能让深藏不露的问题变得更加让人难以察觉。父母训斥、惩罚和指责孩子都会让孩子把伤痛藏到越来越深的地方。奥姆和瑞林的父母都一味地要把孩子管得服服帖帖的，而不愿正视事实：他们的孩子其实很不幸，而这很可能是他们造成的。

**如果没有人顾及并倾听孩子的需求，孩子的躁动不安就可能演变成暴力行为。**

这就是为什么马丁和他妈妈来见我的原因。马丁刚刚在幼儿园打了一个小朋友，园长差点儿就把他开除了。这个四岁的孩子已经让所有人——无论大人还是孩子——把他当作了一个怪物。在公园广场，其他妈妈都不愿意让自己的孩子靠近他。他从来都没有受邀去朋友家，朋友们也不去他家。马丁就是一个怪物，他自己也认同了这个说法，甚至连他的妈妈最后也相信了这种说法。这难道是遗传吗？我们可以为此做点儿什么呢？

我让他的妈妈从她怀孕时开始讲他的事情。后来我得知，马丁的爸爸在他出生之前就离开了，就在知道女友怀孕之后，因为他不想成为父亲。

让我们暂时站在马丁的角度来想想。怎么才能理解爸爸的离开呢？既然之前从来没有人告诉过他爸爸离开的真正原因，那对他来说唯一说得通的理由就是自己是个怪物。为了原谅自己的爸爸，为了不让爸爸背负离开的责任，他自己承担了这个责任——他才是罪魁祸首，他就是个怪物。从那以后，他只能一再用行动去证实这个猜想。既然他是个怪物，那他的行为举止就得像个怪物。

我和马丁只交谈了一次，马丁就发生了翻天覆地的变化。连他的妈妈都不敢相信！在这次交谈中，他明白了为什么自己会坚定不移地认为自己是个怪物，也被告知爸爸的离开和他没有任何关系。爸爸离开并不是因为他是怪物，而是因为爸爸自己有问题，因为他觉得自己没有能力养育一个孩子。

马丁不再和妈妈作对了。以前，对马丁而言，洗澡是一种酷刑，现在却变成了一件快乐的事情。他再也不像以前那样粗暴了。不过，有天晚上放学后，他又变回了以前的样子。他的妈妈打听后才得知，那天在学校，老师强迫马丁为父亲节制作一份礼物！

如果一个孩子没有感受到父母的爱，他就会马上对自己说，这其中肯定有原因。他不允许自己把这个原因归结到父母身上，所以更倾向于责备自己。如果父母打孩子，孩子就会认为：这不是因为父母很粗暴，而是因为**他自己**很糟糕。

另外，大多数父母都会说"我打你，是因为你做了不对的事情，你犯错了"。父母是为了纠正"你"，而不是纠正错误，因为父母在打孩子的时候，的确不大清楚棍棒怎么能起到纠正错误的作用。因此，需要被纠正的应该是人，是孩子，他才是"错误"。一切都再清楚不过了。

"如果父母打我，那是因为我不好。"孩子首先会否定自我，而不是质疑父母。"我需要他们，我怎么能允许自己把他们看作脆弱不堪、无法控制自己、可能会让我难受的危险的人呢？我更愿意认为这种错误来自我自己。我才是犯错的那个人。我是个怪物。"

## 孩子消沉的症状

——不会开怀大笑。

——对任何事情都没有兴趣，如"我不知道该做什么"。

——无聊。

——大家都说他听话或者太乖巧。

——躁动不安。

——有睡眠问题，进食困难。

——需要强烈的肾上腺素的刺激，如喜欢可乐、糖、充满暴力的动画片等。

——学习成绩差。

——学习兴趣减退或者兴趣陡增，总是过于关注分数。

——经常说自己很疲惫。

——反复生病。

# 2

# 消沉会让孩子成绩差吗？

对孩子来说，在学校学习成绩差会让他感到极其痛苦，即使他看上去和痛苦没有任何关系（越是这样，就越可能关系密切）。因此，父母千万不要对孩子加以指责，让孩子产生愧疚感，也不要辱骂他或者贬低他。

成绩差的原因何在？永远不要认为你的孩子是个傻瓜、无能的人、废物、数学或者其他科目的白痴。成绩差的真正原因在于，那个时候的他是迫于外在的压力才学习的。父母需要做的，就是找出他在学习上难以进步的原因。

有其他孩子欺负他，甚至打他吗？老师不公正、太严厉、太冷漠或者不够有责任心吗？家里有什么难言之隐吗？父母中有一方生病或心情抑郁吗？孩子是否和哥哥或母亲发生了冲突？还是因为孩子没有达到母亲无意识中对他的期望？

要确定这一点，就要倾听孩子的诉说——这依然是我给出的第一个选择。

在学校和老师面谈时，你应该维护自己的孩子，坚定地站在孩子这一边。父母的立场和态度会影响孩子的一生。在三年级或者初中一年级时，如果老师认为孩子很差，这件事情并非无足轻重！要在学习上往前赶超并不容易，关键是要对孩子解释清楚：他并不差。如果这样做也不奏效，那肯定另有原因：

★ 他心里充满了顾虑，没有心思学习。

★ 他的老师没有发现适合他的学习方式。不要找借口说孩子有诵读困难或者仅仅因为孩子老是和老师对着干，就把这个问题说成是心理问题！

★ 他厌烦学习了！

★ 要让孩子对学习产生兴趣，老师就得对他多加关注。他需要认识到自己要对自己负责，要对自己的选择负责。

在以上这些情况中，孩子内心的情绪都无法表达出来。这些情绪会破坏他在学校的学习能力。请引导他把内心的感受说出来，用语言把一直困扰他的事情表达出来，直到这些能力被重新激活，直到他又找回了学习的动力。

# 3

# 孩子很消沉吗？

以下几点可以供我们参考：

★你或你的伴侣很少在家吗？如果你在家，是否会花时间和孩子一起玩？陪孩子做作业不算，因为这件事不能放在情感的天平上计量；为了作业而陪在他身边对你来说很重要，但对孩子来说并不一定重要。

★他是不是暴力行为的受害者？或者说他看到过兄弟或者父母中的一方受到暴力的伤害？

★是不是有某位老师表现粗暴（无论是行为上还是语言上）、凶狠，或者过于轻蔑、专制、冷漠？

★家里是否有一个或多个秘密，或者有一些事情你没有和他讲清楚？

★你们夫妻之间的关系是否亲密？你们相爱吗？你们相互尊重吗？是否生活在同一个屋檐下并不重要，情感上的距离对孩子来说才是最难超越的。

★他没有和自己的父母生活在一起吗？

★他是否遭受过性侵犯？

★父母中的某一方患有抑郁症（无论他们自己是否知道）吗？

## 如何帮助孩子？

告诉他，你看出他的状态不好，你很希望帮助他。一般来说，孩子都会否认说：

"不，没有，我很好。"

这个时候你就要详细阐述自己的观点：

"当我看到你总是朝小朋友们发火时，我就在心里对自己说'你不开心'。你可能有什么顾虑，谈论这个问题会让你感觉很不舒服。可能你担心我们会有什么反应，甚至你可能不知道应该怎样用语言来表达让你感觉不好的事情。但是我不想让你这样。对我来说，让你开心很重要。发生什么事了？"

"我不知道，任何事情都会让我发火。"

"你知道现在你的生活中有什么让你烦躁的人或事情吗？"

"让我烦躁的是数学老师。我学不好数学，我的数学成绩总是很糟。"

继续对他提出"是什么……"之类的开放性问题，比如"当你学不好的时候，你有什么感觉""你有什么想法"等等。

我们要允许孩子表达，同时做到随时倾听他所说的一切，不要让自己的言行形式化，不要有愧疚感，也不要让自己情绪崩溃。

我们只需要倾听！要提一些诸如"是什么""怎么样""有什么"之类的问题，直到把问题弄清楚，否则就无法解决问题。不一定要解决所有的困难，重要的是让孩子的情绪得到释放。不要花整整一个小时的时间去纠缠他，只要花几分钟跟他说说话、倾听他的想法就行了。一旦他关闭心门不想再谈，你就应该以后再跟他谈这个话题。给他一点儿时间去思考、理解和消化。

从你的角度出发，你也需要思考一下，因为你对自己的孩子非常了解，包括他周围的人和他身处的境况等。是什么让他变成现在这个样子的呢？

要想更多地陪伴他、倾听他的心声，你就要和他一起做游戏、一起玩耍。

要帮助他在恰当的时候发怒，比如当你发现他遭遇了不公正待遇时，或者当别人擅自闯入属于他的领地或辱骂他时，你可以对他说"嗯，马克斯，你有权利对你哥哥说你不同意他拿走你的自行车"或"如果他说你是只小瘦鸟，你也可以反击回去"等。

**消沉是与表达相对立的。**人在消沉时，生命的能量会被封闭，用来表达挫折、缺失和伤害的怒火会被压制。**怒火释放得越多，消沉的症状就会越轻。**

请帮助你的孩子重新聚集能量，重新培养对生活的控制力。面对他的怒火时，请你敞开胸怀、笑着接纳。涉及全家人的事情时（包括出行、度假等），请听听他的意见，跟随他的脚步，虽然你不用事事听从，但要经常听听他的想法。

如果他对自己的着装还没有掌控能力，请你赐予他这种能力。如果情况相反，你就要反其道而行之：不要对他的着装做任何评价，但要让他知道你喜欢什么，不喜欢什么。

不要放过任何一个机会告诉他，你把他放在首位；告诉他，他对你来说很重要；告诉他，你觉得和他在一起的时光非常有趣。请分给他一点儿时间。

如果可能，请你尽全力把成年人的问题解决掉！如果你还有问题处理不了，请告诉孩子。不要让孩子来承担原本属于你的压力。告诉他，他对此不负任何责任；告诉他，大人自己会解决问题。要让他能推心置腹地向你诉说心声。请倾听他的感受、想法和需求。

# 第九章

# 生活不是一条平静的河流

失败、痛苦、疾病、死亡在每个人的生活中都不可避免。如何让这些考验对人产生积极作用而不造成破坏呢？当孩子面对亲人的疾病和死亡时，如何帮助他在童年时期战胜与此相关的各种痛苦呢？如何用心地帮助他成长为一个有能力克服困难的人呢？

# 经受考验时，是否要让孩子穿上"盔甲"？

据说，在"温室"里长大的孩子都很脆弱。如果他们一直待在"温室"里，就可能很难克服生活中的困难。我还记得第一次在医院里看到透明无菌的隔离罩时的情景。一个男孩从出生起就被放在里面，一直待了好几年后才被带出来。很小一件事都会让他惊恐万分，因为他几乎对任何事情都没有心理准备。那个无菌的隔离罩和一个正常孩子的家没有任何相似之处。

说到"温室"，大家的脑海里往往会浮现出一个生活得过于舒适的孩子的形象。如果一个孩子出生在一个幸福的、经济条件非常好的家庭，父母和睦恩爱、关注孩子并给予孩子足够的爱和自由，那么这样的环境会让孩子变得脆弱吗？一件很小的事情就能打败他吗？

有的人对此深信不疑，其目的其实是为了证明自己的教育方式正确无误。根据他们的观点，应该让孩子了解"生活"，而他们把"生活"理解为：约束、不公、惩罚和痛苦。难道这真的就是我们希望告诉给孩子的关于生活的真实面貌吗？我女儿上幼儿园的时候，她的老师对我说，有一点很重要，那就是：她得准备好遵守规矩、服从约束，因为她今后的一生都要在这样的环境中度过！可是，她当时才三岁！这不符合我的生活理念，最后我带着孩子离开了那所幼儿园，因为它只强调服从，却不重视孩子的个性发展。

不过度强调服从、不打孩子、不试图去限制或者伤害孩子，如果父母这样做，孩子肯定不会变得"硬邦邦的"，也就是说，他肯定不会为自己套上一层"盔甲"。当他碰到巨大的困难时，他的第一反应应该不是自救或者逃跑。相比其他孩子而言，他哭泣的可能性更大。但这难道不是很好地证明了他的心理很健康吗？他遇事更加敏感，这是件好事！

**难道我们要一边控诉这个世界冷漠无情，一边却试图让自己的孩子去适应这个世界？**

把表露情绪理解成脆弱、不能担当或无能，这种想法已经过时了。事实证明，情况恰恰相反。或许掩饰自己的情绪对于权力游戏、控制他人和赢得胜利有帮助，但从长远来看，压抑情绪会让人变得脆弱。只要表达方式得体、尺度适当，表露情绪就不是脆弱的表现。

让我们大脑混乱不堪的愤怒、让我们坠入痛苦深渊的悲伤、让我们麻木迟钝的恐惧，这些干扰性的情绪往往蕴含着某种特定的意义，只有在少数情况下才会和此时此地发生的事情有关系。我们需要对这些情绪的真实含义进行解密，否则，这些情绪的表露会让问题变得更加严重。

我曾经在某次座谈会上谈及这个话题。有一位年轻女士发言说，不仅在她的公司，而且一般来说，在职场中人们都找不到人倾听自己的感受。她举了一个刚刚发生在她身上的例子：当她遭到不公正的待遇时，她在老板面前伤心地哭了，但老板因此更加愤怒。

我们就这样认为自己的情绪没有被接纳！那位年轻的女士还以为自

己表达了情绪！但实际上，面对不公，只有表达愤怒才是正确的！而哭泣只是让自己站在受害者的角度进行一场权力的较量，于是老板顺势回应了这次挑衅。

我们需要更好地学习一下情绪的运用法则。表达情绪并不意味着不加选择、毫不克制地流下没有意义的泪水。这个事例让我们看到，那位女士在老板面前的表现就像一个小女孩在她爸爸面前的表现一样，显得软弱无能！

**正确的情绪会让我们变得更加坚强，而错位的、不恰当的、过度的、替代性的或者随时可变的情绪，会让我们变得不堪一击。**

在大部分人看来，哭泣总和痛苦联系在一起。如果一个人哭泣，那就说明他不舒服。我们希望通过神奇的手段来消除他的痛苦，即要求他不再流泪。我们认为如果他不哭了，他就不那么难受了。

确实，听到某人痛苦的哭泣声会让我们难过。但是，我们都是成年人。难道就因为我们对眼前的问题无能为力，就去强迫一个人，尤其是一个孩子对自己的痛苦闭口不谈，让他独自承受这种痛苦吗？这难道公平吗？

一个懂得表达的孩子不会把事情藏在心底。他不舒服，这没错，但疼痛不至于拥有摧毁他的力量。有泪水的帮助，他就能挺过去。

一个必须克制着不流泪的孩子会把痛苦藏在心底。他需要独自一人面对痛苦，把自己掩埋在痛苦中。他的一部分心理能量被用来为这种痛苦寻找意义，被用来抑制自己的情绪，被用来不让自己那么痛苦。这样一来，这部分能量就不能用来展现个性、在学校好好学习或者和朋友建立正常的人际关系。他可能会在考验面前显得苍白无力，而且迟早会通过某种病症表现出自己的伤痛。而不幸的是，他的父母不会认为这是病症。长湿疹、尿床、拒绝进食、考试成绩差、有暴力行为或消沉都是可能出现的症状。这些情绪可能深埋多年，直到孩子成年后才找到释放的出口；这些情绪会破坏他们对事实的感知能力，会导致他们职业上的失败、不幸的婚姻、错误和冲突。所以，当他们在工作中被辞退或在生活中面临离婚时，这些情绪就会爆发出来。甚至，他们还可能面临罹患癌症或者心肌梗死的危险。

每个人一生的各个阶段都要经历各种考验，我们没有必要怂恿孩子为此穿上"盔甲"。相反，要想孩子面对考验屹立不倒，并且毫发无损地通过考验，我们就要帮助他树立自信，对身边的人产生信任感，帮助他培养释放情绪的能力。

不承认自己内心产生的情绪，给自己穿上"盔甲"，都会让我们误以为自己逃过了一劫。但现在我们知道，压抑情绪无论对心理还是生理都是有害的。情绪是上天赐给我们的工具。拥有它，我们就可以面对生命中的困难。为什么要放弃使用它呢？

让我们一起来看看童年时期最常见的几种考验。在此，我不会讨论虐待的话题，这个话题我将在另一本书中进行阐述。

## 2

# 分　离

对一个孩子来说，最大的考验就是分离。

## 出生时的分离

有些孩子一出生就不得不与母亲分离。因为一些健康问题，孩子或母亲可能需要特殊的照顾、治疗和设备，而所在的医院可能并不具备这些条件。现在，妇产医院开始努力帮助母亲和孩子尽早建立联系。不管怎样，如果有人对你说"不可能"，请你坚持并证明给他看！进了医院，你变成了"患者"，但这并不说明你要事事听命于他人！

我生第一个孩子时是剖宫产。手术后，我从产房回到病房，得知我的女儿要在一小时后才能来到我身边。玛戈，这个身体冰冷、体重很轻的孩子"必须"待在恒温箱里。她是我的第一个孩子，而我还没有做好因受到侵犯而和医疗机构抗争的准备。在"只要体温很低，孩子就必须待在恒温箱里"这种思维定势的影响下，我不敢提出任何反对意见。可是，我的身体或者说孩子父亲的身体并不比恒温箱的保暖效果差啊！

况且，为什么把恒温箱拿到楼下的病房来就"不可能"呢？

"恒温箱不能拿到楼下！你这层楼管理恒温箱的人一小时后才上班。"

可让人以为像在做梦的是，孩子的父亲——让·贝尔纳——拿到了恒温箱！好几个护士追着他，大声喊着：

"您没有权利这么做！"

"我就这么做了。你们没有权利让孩子待在那儿，她的妈妈却待在楼下！"

他把恒温箱拿到楼下来了。当然，这也没有带来多大问题。

因为新生儿纳坦的心脏有问题，他的妈妈实施了剖宫产。出生后，他立刻被送到一家专门治疗儿童心脏病的医院。因为刚刚做完手术，纳坦的母亲不能陪着他，只有父亲一直陪在他身边。他对纳坦说话，把他抱在自己怀里。当工作人员要求他晚上离开时，他只说了声"不"。谁也别想把他的小宝宝留在这个陌生的世界，独自一人承受痛苦。他想在那儿睡，就在孩子身边。他在摇篮旁的瓷砖地板上睡着了！任何劝说这位父亲不要待在孩子身边的努力都白费了，而他如此坚决的行为最终让工作人员屈服了。第二天晚上，他得到了一张舒适的床垫。如果所有的父亲和母亲都能如此坚定，那么医院可能早就着手建立一个致力于尊重并满足新生儿家庭需求的部门了。

如果分离真的不可避免，那就把它说出来。是的，对着婴儿说出来！他能听到。他听不懂你说的话，却能领会你的意图。令人惊讶的是，我们只需要对婴儿解释到底发生了什么事情，他就能停止哭泣或者不再拒绝进食。

婴儿也有自己的喜怒哀乐，不仅仅满足于吃饱喝足，科学已经向我们证明了这一点（我们需要科学的证据，因为我们通常很盲目）。

婴儿也是一个人，应该给予他尊重。

如果他还不会用语言表达自己，他就会用身体说话、用哭喊表达。他在试着和我们交流。他有权利了解事情的意义所在，也早已把自己听到的一切印刻在脑海中。他需要了解到底发生了什么事情。

## 上幼儿园时的分离

孩子大一些后，如果妈妈要上班，孩子就得上托儿所或者幼儿园。受弗朗索瓦兹·多尔多理论的影响，幼儿园对待小朋友的方式发生了改变，几乎每个幼儿园的老师都非常注重孩子的需求。几乎在每个地方，幼儿园都建议父母在孩子入园前做好准备工作，给孩子一段适应期。在这段适应期内，幼儿园欢迎父母陪伴孩子，直到孩子完全适应为止。几乎在每个地方，都会有人帮助父母采取正确的方式和孩子对话，而且老师会在父母不在孩子身边时给他讲关于父母的事情。孩子不是一个我们可以随时放下又随时拎起的包裹，他是一个人，有权利拥有自己的想法！

你把孩子送去幼儿园是因为你要重新工作吗？**他没有权利选择，但是他有权利表达自己的感受。**

如果很多次之后，你的小宝贝依然在你离开时泪水涟涟，那么他是在试图向你诉说些什么。不要认为"一切都会好起来的"，泪水说明孩子经历着某种痛苦。

把孩子的哭泣解释为他拒绝在你上班的时候去上幼儿园，这似乎很有说服力。不过，不要这么快就下结论。好好了解一下孩子所经历的事情，努力弄清楚他有什么需求。是和老师有关？和他所处的地方有关？和另一个孩子的存在有关？还是反映了你自己的焦虑？你是否觉得自己被生活遗弃了？

和他讲清楚，尤其不能撒谎！你热爱你的工作吗？你重新工作很开心吗？告诉他，你给予他的爱一点儿也不会因此减少。告诉他工作带给你的快乐！孩子希望看到自己的父母开心。我们把和孩子分离的责任推给别人（比如公司、老板等），以为这样可以避免引起孩子的对抗情绪。其实，如果你在他面前把自己的离开表现为违背自己愿望的不得已的行为，孩子并不一定会接受。恰恰相反，从长远来看，承担起属于自己的责任，这更能让人感到满意，而且对孩子更有利。同样，如果他不想去上幼儿园，不要强迫他接受：

"所有孩子在你这么大时都得上幼儿园，这是必需的。"

这不对！在法国，上幼儿园并不是强制。6岁以上的孩子才开始实行义务教育，而且也不一定要去学校，你也可以选择在家里教他识字阅读。你选择学校，可以给你空出工作的时间，但这只是满足了你的需求，而法律并没有如此规定。如果我们对孩子撒谎，把自己的责任推卸给他人，那么对于孩子的谎言和逃避责任的行为，我们又有什么理由感到诧异呢？

## 无论什么情况，请提前告知！

孩子没有时间观念，所以提前为孩子提供充分的信息非常重要。就连一个婴儿都需要时间来做准备。如果你准备出门一个小时，你就需要在当天上午告诉孩子（但不能只提前两分钟告知）。不过，如果你打算离开一个星期，那你至少要提前一个月告诉他这个消息。

老实说，为什么不能在离开的当天告诉孩子你的决定呢？**一次分离关系到两个人**。早点儿沟通可以为双方提供时间来倾听对方的感受，以便提前做好准备，在离开和归来的那段时间里建立一座桥梁来表达双方的需求，最终制定好相应的对策，让双方都能感到彼此的联系没有中断。

一件带有你气味的T恤对他来说是不是足够？或者让他拿一件属于你的小物品或者一张照片。**一起为此做好准备，就能感觉更加靠近彼此。**你不在的时候，他可以看看你的照片，闻闻你的衣服，触摸一下你留下的小物品，就能想起和你在一起的亲密时光。

如果要离开的是孩子，那么他心爱的小玩具或者有着你气味的衣服对他来说都很有意义。让他自己选择对他有帮助的东西，比如父母的照片、小熊玩偶、家里的某样物品或者一个熟悉的玩具，这些都可以让他感觉即使他不在家，爸爸、妈妈还有这个家依然存在着。

如果孩子的年龄大点儿，你可以和他一起画一张表格，每个格子代表一天，他可以过一天划掉一个格子。你也可以为他准备一个纸板做的带有很多小门的箱子。他每天打开一扇小门，都可以发现一张传达爱意的小纸条、一颗糖果或一份小礼物。所有这些我们都可以按照自己的想法来做！

要记住，只交流一次是不够的。你要经常说，**不停地说**，即使他不喜欢听你谈这个话题。慢慢地到了要离别的日子，孩子的情绪就会发生变化。

**★ 和孩子谈谈未来要照顾他的人。**

永远不要把孩子托付给一个对他毫不了解的人。

有些孩子可能需要一段时间来对别人产生信任感。要了解某人，只见一个小时根本不够。如果你不得不把孩子交给一个他不太熟悉的人去照顾，那你必须尽量让他们真正地互相了解，让他们一起为你的离开做好准备。

★ **提醒孩子在你离开期间应该做什么。**

这样他就有了方向。他会在和你分开的期间继续自己的生活。

★ **描述一下你的计划。**

向他解释清楚你的计划。**任何时候都要告诉他你离开的真实理由，永远不要撒谎。**如果是你自己的选择，就不要以外在的不可抗拒的理由来搪塞孩子。

★ **谈谈你自己，说说你的感受。**

"要离开你，我很难过，我会想你的。"

★ **倾听孩子的感受。**他有权利表现得很生气、很伤心或者很担心。

★ **让孩子想象一下重逢的那一刻。**

## 练习分离

★ **玩捉迷藏的游戏。**

弗洛伊德曾经描述过一个线轴游戏：孩子抓住线头，把线轴扔得远远的，同时喊"走了"，然后拉着线头把线轴拉回来，同时说"回来了"。这个游戏有点儿像捉迷藏游戏，可以帮助孩子学会理解"不见了"和"再次见面"。一个很小的孩子只在某种特定的条件下才会喜欢玩捉迷藏。他藏起来，而你很快就能找到他，接着这么玩几十次他都不会厌烦。但如果他很难找到你，就会哭起来。

★ **讲故事。**

讲一个与父母的离开、孩子的不安、归来和安慰有关的故事。我们可以围绕故事这么对孩子说：

"你也一样。昨天我走的时候，你也有些害怕，就像故事里的猫头鹰宝宝一样。后来，我回来了。妈妈总会再回来。下个星期，我还要离开两天。你可能觉得有些孤单，又像猫头鹰宝宝一样。我要在外面待两天，那两个晚上我就不能陪你了。然后我又会回来的。"

★ **慢慢让他习惯。**

可能的话，尽量根据孩子的情况来安排分离的时间。如果孩子不到两岁，就不要离开他24小时以上。等他年龄大一些，会说话了，可以表达自己的意见了，你就可以听听他的想法了。

父母什么时候才可以安排有了孩子之后的第一次离家远游呢？我认为，得等到孩子有能力表达自己的意愿的时候。明智的做法是，先让孩子在奶奶家或朋友家过一夜，然后慢慢地增加和孩子分离的时间。

★ **永远不要不道别就离开孩子！**

也许不和孩子道别就离开孩子，你可以避免看到孩子流泪，但是背叛可能成为你们关系中的一个污点。倒不如学着接纳并分担孩子的泪水。泪水能够帮助孩子在面对分离时调整自己的情绪。

## 分离期间要保持联络吗？

对成年人而言，半个月的时间转瞬即逝，可对一个两岁的小孩子来说，却漫长得无法忍耐。

★ **打电话！写信！发传真！让他感受到你的存在。**

你因为不想让他哭而干脆不打电话吗？你也许应该避开他睡觉的时间打电话，但是，请给他打电话！如果他在挂了电话之后哭泣，那就让他把痛苦发泄出来。要确保看管孩子的人能够在孩子哭泣时陪着他，而不是要求他表现得像个男子汉！

他忙着玩耍而没有理会你？其实他已经听到了你希望和他说话，他知道你不会忘了他。

相反，如果你不给他打电话，他就可能会问自己一些问题，而这些问题他不会和任何人提起！照顾孩子的人会对你说一切都很好，他一次也没有抗议过，一滴眼泪也没有流……他很清楚他应该把悲伤埋在心底。他只会把这份悲伤留到20年后向他的心理医生诉说。

想想看，如果你的爱人离开一到两个月（对孩子来说，这段时间可能是一个星期），你会有什么感受呢？分离很残酷，你更希望能够和爱人相拥。如果你和他通电话，你会很激动，挂电话对你来说很困难，你甚至还会伤心流泪。但我们想想看，如果为了不听到你哭泣，因为担心你痛苦，他就在离开期间不给你打电话！你怎么能受得了？

**你的孩子和你一样有权利得到同样的重视，有权利要求他的需求得到尊重，尤其是当他年龄还小，还不能自己满足自己的需求时。**

**★　你和孩子待在一块儿吗？听听他如何谈论那个离开的人。**

"爸爸去哪里了？"两岁半的玛戈接连问了我20次。每次我都回答说："在办公室，亲爱的宝贝。"

过了一会儿，我觉得自己回答得太机械了，于是问她：

"那你怎么想，你觉得爸爸在哪里呢？"

"他在他办公室，他和电脑一起工作，也可能在见一个客户。"

其实，她问问题的时候并没有期待一个答案。她在用她的方式向我表示：她正在想象着一幅关于爸爸的画面。

"你想爸爸了"可能是一个更加体贴、也更合适的答复。

为了不让孩子产生不良情绪，孩子身边的人有时会避免提到离开的亲人。但如果费很大劲儿转移话题，对孩子来说就可能显得很可疑。要允许他谈论这个人，让他讲述他的感受和心里话。

## 重 逢

**★ 不要期待他会马上蹦到你怀里。**

给他一些时间来适应新的情况。可能他需要几分钟才能接纳这个新的事实：妈妈回来了。他也可能需要把正在做的事情做完！要小心，不要把这段时间理解为他对你漠不关心。情况正好相反。为了和你重逢，他希望感觉到自己是完整的，所以他需要把弹珠都摆好或者把画画完。

**★ 克制住自己，不要急着把他淹没在你的亲吻中**。不要把重逢的时刻变成不安的时刻。是的，只要孩子不在状态，即使亲吻也会让他感到不安。张开双臂，蹲下来，让自己和他处于同样的高度，让他向你走过来。

**★ 在幼儿园像个天使，回到家就像个恶魔？**

白天的他累积了很多压力，因为他没让自己在陌生人面前宣泄自我。他知道你是一个很好的包容者，所以他把压力留给了你。即使他脾气糟糕，你也要继续爱他。

**★ 你一回家儿子就跟你赌气？**

这样做或许正合你的意，因为你本来就想安静地待着。你是否有点儿仓促地认为"他不想跟我在一起"，然后就去做别的事了呢？其实你刚刚错过了一个好机会。

你的儿子生气了，因为你不在他身边。他想你，这就是他向你倾诉的方式。请倾听他的诉说。为了修复你的离开给他带来的不安，他想要确定你依然爱着他、关注着他、愿意和他一起玩。别让他失望啊！

不要对他说：

"你什么时候不赌气了，再过来玩！"

而要直截了当地走过去，说：

"我是真的很想和你一起玩汽车。"

## 最初的情感裂痕

不管爸爸、妈妈还是家庭中的其他成员，比如爷爷奶奶、外公外婆、叔叔舅舅、姑姑姨妈等，从本质上来说，大家都是人。你的孩子也会依恋其他家庭成员，而父母总是容易对孩子与家庭成员之外的人之间的关系产生错误的认识。

如果孩子在家里由保姆或奶妈照顾，那么中途看护人可能会有变动：有资历的保姆可能要退休，做临时保姆的学生或互惠学生可能在完成学业后找到了一份稳定的工作，外国学生可能启程回国……各种各样的情况都有可能发生。你要在得知消息的第一时间把消息告诉孩子。为孩子保留一些看护人的照片，让孩子保留这份回忆。让看护人和孩子聊一聊，向孩子解释自己离开的原因，尽可能地延长说"再见"的时间。

因为各种原因，孩子在学校最初几年交到的朋友很难一直交往下去。如今，社会的流动性越来越大，朋友有可能搬家，去另一个省生活并因此转学。如果你三四岁的孩子对此似乎没有任何意见，那不是因为他没有任何感觉，而更多的是因为他不知道该如何表达。

## 你要搬家吗？

搬家也可能导致情感裂痕。如果孩子有足够的安全感，就能更好地渡过这个难关；如果他缺乏安全感，那么失去了习惯性的坐标可能会给他带来精神上的创伤。

★ **请你帮助你的孩子展望他的未来**，提前设想未来的情况。尽量多带孩子**一起参观**你们今后要生活的地方。就连你自己也有这个需求，不是吗？想一想，和你相比，他对变化更缺乏安全感，即使他不需要考虑任何和搬家相关的具体问题（带他参观的目的也许就是希望他能和父母一起考虑这些问题）。

**★ 让他最大程度地参与搬家的活动。**

只要有可能，就让他担负起一定的责任。借口说不想让孩子介入没有意义的忙乱，或者说得更直白些，为了不让他在大人打包时添乱，我们就把他赶得远远的，却因此剥夺了某些对他来说非常重要的东西，这是不对的。

搬家时给物品打包的行为可以帮助我们与过去一起生活过的物品道别，并做好与新物品见面的准备。把东西放进纸箱、整理物品的同时，我们也在体会着自己对这些物品的依依不舍，能想起与它们相关的一些故事。

孩子在很小的时候就能够把所有的毛绒玩具放进纸箱里。年龄再大一些后，他就能够把所有的纸箱封起来、编号，然后写上里面装了什么东西。

只要你的孩子会走路，你就可以完全信任地让他带着你在新家到处走。要帮助你的孩子积累内心的能量，对自己经历的变化产生意识。要陪着他：1.向过去道别；2.培养自我意识，意识到变化中永恒不变的东西；3.事先构想将来要在新家开展的一些活动。

## 发生变动时陪着孩子

### 1. 挥别过去

这个阶段包括：否认、愤怒、协商、悲伤，最后是接受。要给每一种情绪留下空间；在孩子怀旧的时候陪着他；收好以前的照片，以保留曾经的回忆……

### 2. 减压室

在两个世界、两间公寓或两段生活之间，有必要努力创造一间减压室。在这片内心的天地中，让自己感觉到永恒存在的东西。减压室可以在过去和未来之间建立一座桥梁，让我们观察到它们之间的相似之处和不同之处，而这些不同的地方会有非常积极的意义。

在这个减压室中，要能够体验自我，要感觉到对自己的信任、对自己个人力量的信任。想想自己曾经成功地经历过什么变化。

### 3. 预先设想

对未来的前景进行勾勒，想象一下将来会是什么样的；让自己置身于未来，决定自己想要什么。

# 3

# 一个新生命的到来

是的，这是一个神圣的考验，有些人面对这个考验时会感到困难重重。妈妈没有以前那么空闲了，她"总是"要照顾小宝宝。她很疲惫，甚至因为整夜不能睡觉而筋疲力尽。因此，大点儿的孩子若要得到照顾，必须等待。有时，他还会因为这个新来的小宝宝被责骂。可是，他依然需要得到妈妈的关注，大家却要求他比同龄的孩子更成熟！大家期望他做出各种努力，适应各种情况，借口就是另一个孩子还只是个小宝宝！可是，大家曾经对他说这个小宝宝会是他的玩伴！他发现，这个宝宝不会玩，只知道哭和睡觉。妈妈总是亲他，他得到了很多礼物……"这不公平。"

孩子越大，解决这类困扰的能力就越强。如果将孩子们分隔开，可能会带来其他弊端。对此，我们没有完美的解决办法。弟弟或妹妹的到来就是一个考验。一旦通过了这个考验，孩子将拥有一笔巨大的财富。

当老大并不简单，当老幺也不容易，更不用说夹在中间的孩子了。总而言之，家中的孩子们各有各的烦恼。我们的任何安慰，尤其是像

"我对你们的爱都是一样的"这样的安慰，对现状不会带来任何实质性的改变。

在这本主要讨论情绪的书中，我不会谈兄弟姐妹的关系，不会谈爱和竞争，不会谈效仿和冲突，我只想着重谈一谈孩子生命中这一重要的变化。

他要和曾经属于自己的"最小的孩子"这个称号道别了，要和他人一起分享和父母在一起的时光，有时还要和他人一起分享本来只属于自己的卧室和玩具。他不再拥有国王般的待遇，这并不是件小事情。如果你的孩子对你**发脾气**，说你不该又生一个小宝宝，这很正常、很自然，甚至十分有利于他的身心健康。这个新生儿的诞生对他来说可能意味着和父母的分离。他可能会感到焦虑，感到自己被遗弃，担心失去你对他的爱。

"妈妈想要另一个孩子等于我对她来说还不够！"

或者是：

"我太大了，她更喜欢一个小宝宝。她不再爱我了。"

他可能确实担心失去你。

"她生宝宝去了，再也不会回来了。"

（这种想法非常普遍。看到妈妈回来，孩子会大大地松一口气。）

有了小宝宝后，你花在他身上的时间肯定会更少，而他要接受自己的地位变成了第二位，所以**他很伤心**。

西里尔借口说为了不让孩子担负这样的伤痛，不打算要第二个孩子！但只要一个孩子并不能解决所有问题！眼看着自己因为弟弟或妹妹而不再受宠，这真的很难接受，但从长远来看，这将给我们的生活带来更多乐趣和收获。我们是应该尽量避免让孩子经受这样的考验，还是应该帮助孩子通过这场考验呢？

要求孩子懂事理智、道德高尚，这些都毫无意义，而且害人不浅。你要向他表明，你明白他很伤心。请你倾听孩子的各种感受，陪着他走完这一段长长的接纳之旅吧。

与其告诉孩子有弟弟或妹妹的一系列好处，倒不如让他自己列出这张清单。当然，也不能忽略有弟弟或妹妹的坏处！

一个新成员会给孩子带来困扰，这个人可能是继父，也可能是同父异母的姐妹等。任何新成员都会给家庭情感的平衡带来冲击，也会使孩子产生情绪。家庭的重组并不总是那么简单。你的孩子必须接纳一位新爸爸、一位新妈妈、几个同父异母或同母异父的兄弟姐妹……他们不得不相爱。是你选择了一个新配偶，而不是孩子选择的。然而，为了大家能够生活在一起，你必须把事情都讲清楚。如果每个人的感受都有人倾听和尊重，那么大家就都可以给予对方足够的重视和尊重。

◆ **4**

# 父母之间的纠纷

　　你经常和自己的伴侣吵架吗？你和伴侣之间的关系是靠怨恨维系的吗？你是否为了不让孩子担心而什么也不对孩子说呢？

　　要注意，孩子并不是傻子。即使你非常小心地在他面前避开谈论某个话题，他还是能够感觉到有问题存在（尤其是当你费尽力气想掩盖时，他会觉得其中存在危险，他所有的感官都会为此处于戒备状态）。

　　孩子即使睡着了，身体的某一部分依然会接受周围的信息。这样一来，他就会做梦，而且是做噩梦，在大脑中产生一些无意识的画面。如果他在接受这些画面时是无意识的，那么他就无法用语言来表达，从而产生更大的困扰。如果他能够弄清楚事情的真相，就可以把这些东西转移到很远的地方，这样它们对他的侵犯程度就不会那么深了。

　　孩子会因为父母之间的冲突而备受煎熬，尤其是当他对此无法理解，看到的只是表面现象、无法触及事情本质原因的时候。我们要倾听他的想法，和他交谈，要敢于谈及这个话题。即使你对自己的伴侣非常生气，也要让孩子对他/她心怀敬意。因为，你厌烦的对象也是他的父亲

231

或者母亲。

首先，我们要倾听他的想法，不加以评判，不为谁辩护，也不要试图让孩子原谅自己的伴侣，而只需要听听孩子的感受。

"当你爸爸和我吵架的时候，你有什么感受？"

"你妈妈和我生气的时候，你不舒服……"

"你听到我们争吵时，很不安吗？你会在心里对自己说什么呢？"

不要替自己辩护。他不是审判官，而是你的孩子。不要把聚光灯照射在自己或者伴侣身上，而要照射在孩子身上。他需要一个空间进行交流，需要感觉到自己很重要，需要父母倾听他的感受、他的想法和他的忧虑。

如果这些问题变成了真正的问题，那父母就要做出回应，而不是把这些问题像鱼钩一样抛出去，为的只是获得一些真相的碎片。不要对他撒谎，要真诚。你有权利不告诉他真相，也有权利告诉他真相，但你不可以似是而非。

最后，要让他安心，告诉他，你和伴侣难以相处，这不是他的错；或者告诉他，你会永远爱他。

# 5

# 父母离婚了

"我无法想象把孩子们叫到一起，甚至是看着他们的眼睛告诉他们'爸爸和妈妈相处得不好，我们要离婚了'。"

我们要与孩子的目光、反应和情绪面对面，真诚地对他说出我们的感受。这对很多父母来说很困难，以至于他们宁愿什么都不说，直到离开的前一天晚上，甚至就在离开当天才对孩子宣布。有些父母甚至一声不吭地就离开了。他们的理由数不胜数：

"我不希望他们难受。"

"如果我对他们说再过一个月或者一个星期我就要离开了，他们不会明白的。"

"没有必要提前给他们带来心理上的伤害。"

"在我离开时，我甚至不确定是否找得到另一个住处，说这件事没有任何意义。"

"我不想让人觉得我很犹豫。"

"这是大人之间的事，没有必要牵扯上孩子。"

......

父母们忘了，他们自己也是经过很长时间的思考才决定分开的。分离意味着孩子的生活会发生翻天覆地的变化，为什么孩子就不可以有为此做好准备的权利呢？

"我在等着自己下决心。"身为三个孩子的妈妈，安娜推心置腹地对我说。她不希望在事情没有发生之前就对孩子们发出警示。

每三分钟就宣告一次生活将发生巨大变化，这毫无疑问是有害无益的。但想一想你自己花了多长时间才让自己产生离婚的念头！你却要等自己完全确定了之后才告诉孩子？对他来说，一切都发生得太快、太突然了。

最好尽早告诉孩子，即使我们还在犹豫，而且一定要听听他的感受。我们担心自己的不确定会让孩子感到不安吗？事实上，如果没有提前看到父母要离婚的任何征兆，而要突然面对父母分开的决定，这比和父母一起分担离婚前后的痛苦更让孩子感到不安。只要真心诚意地和孩子交谈，孩子就会感到很踏实。他会明白你考虑到了他。你让他知道了事情的真相，他便不会觉得这是个仓促而不可理喻的决定。当然，他会感到痛苦，但他可以公开地表现自己的痛苦，而不是暗自神伤。

**我们在孩子面前闭口不谈，这并不能让孩子不痛苦，而是为了逃避孩子可能产生的情绪**，也是为了逃避孩子提出的恰如其分（或者不够周全）的看法。**我们不敢正视孩子的眼睛，不敢面对他的看法。**

相较于对孩子撒谎，我们是否可以借助他的目光让自己避免做出蠢事呢？

犹豫的背后，总是隐藏着对孩子的愧疚感。离婚会给孩子带来严重的困扰，这一点大家都深信不疑。不可否认，和相爱着的、关系和睦的父母生活在一起当然好，但如果他们并不相爱或者不再相爱了呢？如果他们经常吵架、无法和睦相处、互相蔑视或者互相伤害呢？

很多成年人都在心理医生面前讲述自己面对父母的不和、争吵、互不服输时都感到非常痛苦，这种痛苦让他们无法自拔。而让他们感到反感的是，他们的父母没有勇气分开，在自己无法接受的语言和行为面前委曲求全，于是他们对这种消极的夫妻关系感到厌烦。这些在他们的心里留下了深深的烙印，让他们很难与人保持和睦的关系。

当一切为缓解夫妻紧张关系的努力都已经做过，当爱已不在时，分开可能对大家都是一种解脱。所以我们的问题不是去探讨离婚是否会伤害谁，而是"如何在一种沟通的氛围中、带着对对方的尊重离开对方"。真正伤人的是对此闭口不谈、不表露真实的情绪——无论这种情绪是愤怒、悲伤还是恐惧。

我们要面对现实：男人和女人都无法继续一段让人感到窒息的关系；如果他们在一起并不开心，倒不如分开。在法国，15%的家庭都是单亲家庭（这些家庭中大都有未成年的孩子）；而在英国，这个比例已经高达23%[1]。

## 真相出自孩子之口

父母相处不融洽时，孩子能察觉出来，但一般不会说出来。即使父母自以为是地达成一致不在孩子面前吵架，也是白费功夫，因为孩子能够感觉得到。

塞西尔想和丈夫分开已经想了很长时间了，但她没有对孩子说这件事。她信誓旦旦地对我说孩子对此一无所知，但我建议她稍微注意一下

---

1. Courrier international nº 431. Paris: Currier International SA, 1999-02-4~10.

孩子会说些什么。让她无比惊讶的是，当天晚上，她6岁的儿子问她：

"妈妈，你说如果你离婚了，我跟着谁呢？"

幸运的是，我们一起为此类问题做好了准备。她和儿子进行了一番交谈。在这次谈话之后，她儿子的数学运算又变得很棒了。塞西尔因此明白了事情的前因后果。她的儿子因为心里积压着太多没有得到答案的问题，以至于影响了学习，尤其是在学习除法运算上。的确，当他的家庭面临分裂，当他正茫然无措时，怎么有心思去学除法运算呢？

孩子能感觉到却不敢说出来，因为他担心说出来反而会让没有发生的事情发生，担心自己会让事情变得更糟糕，会让父母真的快速分开。但这并不意味着他不需要就这件事情进行探讨。成年人应该先迈出沟通的第一步。

## 分离会带来心理创伤吗？

除非遭遇过来自父母的暴力、父母之间的暴力相向，或者遭受过父母的性侵犯，否则没有孩子希望自己的父母分开。但重要的是，我们要看到，一旦孩子长大成人，他对父母的分离并不会有意见，而更多的是谴责不断互相指责的父母，控诉父母让自己过着郁郁寡欢、没有真爱可言的生活，控诉自己曾经抑郁或不幸。经历过父母离婚的孩子会指责父母，并不是因为父母分开这件事情本身，而是因为他没有得到父母的倾听、重视，没有被告知。

分离可能让人痛苦，但并不全是伤人的。的确，有些孩子因为父母离婚而深受困扰，但也有一些孩子因为某些事情最终豁然开朗而得以解脱。他们有权利在父母面前谈论这个话题，而在以前他们可能并没有被赋予这项权利。于是他们重新变得笑盈盈的，变得快活自在了。

西尔维娅的父母离婚时，她已经30岁了。但是，她依然受到很大的触动。很多秘密都因为父母分开而被公开了，有些以前在家里不能触碰的话题现在也可以谈论了，她这才意识到自己小时候几乎生活在谎言之中，而她曾经对父母关系的揣测是对的！她一直都不相信父母在自己面前表现出的样子，也不觉得父母中任何一方有多么幸福，但她从来不敢揭开这层面纱。她曾经以为爱情只有这种畸形的表现形式，因而经历了不少爱情的挫折。父母的分开让她经历了痛苦，却受益匪浅。由于父母的分开，尤其是知道了关于父母的真实情况后，她最终把一直压在心底的重担卸了下来，并且遇到了一个和她生活至今的男人。

她年龄很小的时候不愿意自己的父母分开。但现在，她觉得如果自己的父亲早点儿离开，那么很多事情对她来说会更容易一些。她觉得是父亲让母亲不幸，也怨恨自己的母亲总是那么顺从，总是郁郁寡欢。之前，她的父亲总是不顾家、晚归、不和他们一起去度假。将他们分开看待后，她对父亲有了更深入的了解，对母亲也一样。

与常人想法不符的事实是，离婚可以让某些孩子对父亲有更好的了解！因为有探访日，他们经常可以看到父亲。而在以前，父亲晚上总是很晚回家，而一到周末就睡觉或者处理一些紧急公务。不过也有个别不幸的情况，比如有些父亲在离婚之后就消失得无影无踪。

除了养育孩子、保护孩子，我们需要做的最重要的功课就是让自己幸福！如果离婚能够帮助我们，那么孩子也会对此表示欢迎。但是我们说"欢迎"，并不意味着孩子可以很轻松地度过这个阶段。父母要花时间倾听他的感受，陪着他向过去的家庭道别，然后陪着他和父母建立新的关系。

分离本身并不具有杀伤力。离婚之所以会给孩子带来心理创伤，真正的原因是孩子无法表达自己的情绪，被父母禁止愤怒、恐惧、悲伤，从而不认同自己的感受。

然而，独自一人养育孩子（大部分情况下是女性）非常艰难。我们最好更深入地分析一下单亲母亲被边缘化的社会现象。

## 你的孩子希望你幸福快乐

我们对孩子的评价往往并非源于别人，而恰恰源于我们自己的父母！

帕特里西亚多年来一直和孩子们生活在一起，她的生活里从来没出现过另一个男人，因为她觉得孩子们会受不了另一个人来替代他们的父亲。后来她终于鼓起勇气和孩子们进行交谈、倾听他们的想法，这才惊讶地发现，和她预料的恰恰相反，她8岁和12岁的孩子十分期盼她能重谱一段恋曲。

宝拉单独和16岁的儿子生活在一起，晚上一直不敢出去约会。她担心孩子会因此不高兴，也希望能以此弥补孩子被爸爸遗弃的遗憾。她永远也不会抛弃自己的孩子！事实上，她的孩子非常希望看到她出去约会，去放松一下。他不敢向她表明这一点，因为担心妈妈会认为自己不爱她了。两个人中的一方为了保护另一方不受伤害，就会把自己的心门关闭起来，两人之间的冲突却会因此成比例地上升，而且难以避免；为了不说出实话，他们就会吵架……

## 母亲可以替代父亲的角色吗？

离婚后父亲再也不看自己的孩子，这种现象出现的比例非常高，而且高得过分。这些父亲不愿体验这种痛苦或自己内心的愧疚感，于是干脆把过去一笔勾销。居然还有一些机构帮助这些父亲逃避责任！这些机构帮助他们消除身份证上的信息，这样他们就可以消失得无影无踪。他们甚至还会换一个新身份，最常见的就是外籍的身份。但是，孩子对此会有什么感受呢？

每个父母都要对自己负责，要对自己在孩子心目中的形象负责，要对自己在孩子面前的言谈负责，更要对自己在孩子面前的行为负责。

我不认为应该让母亲来扮演父亲的角色。有一些心理分析专家认为应该把树立父亲形象的工作交给母亲。然而，父亲不在孩子身边这件事给孩子带来的不良影响，其实并没有他们说的那么严重。只有一个事实会对孩子产生影响，那就是母亲在言谈中完全不提及父亲。我们可以看出，这些专家多么迫切而努力地为父亲们寻找一些理由，来证明他们不出现是合理的！

确实，父亲不出现，其形象自然就被美化了——处于这种状态，父亲当然很舒心。因为出现可能会产生冲突；不出现，就能避免被指责，避免被追究责任。

"我的父亲，他就是上帝！"但随之而来的是很小声的一句"他从来都不在家！"。这两句话很好地描绘了加诸父亲身上所谓的无所不能的形象。桑德拉现在依然很难理解，自己不仅拥有一位"圣人"般的母亲——她奉献了自己的身体和灵魂——还拥有一位"上帝"般的父亲，可自己为什么在生活面前如此消沉、如此被动，在别人面前如此顺从屈服、如此不幸呢？

孩子不需要理想化的父母，他需要的是真实的父母。即使并不那么光鲜亮丽，但相比镀上金的美化了的形象，真实的父母对孩子人格的塑造更有益。因此，孩子的感受需要被他人倾听和接纳。

## 如何告知孩子你们要离婚？

★ 慢慢来，不要急着告诉孩子这个消息，先谈谈你自己和你的情感。一旦和孩子说明了事情的缘由，就要和他一起分享感受。不要考虑和他一起哭泣是否合适（不要将获得安慰的压力压在孩子身上！）。

★ 不要提前回答孩子还没有提出的问题，因为他可能还没有对自己提出过这样的问题。让他按照自己的步伐前进。但有一点很重要，要在事情发生的最初阶段就开始和他沟通。

★ 倾听！不要做出评判，不要为自己辩护，只需要倾听他的感受、他的体会、他的心里话和他所想象的一切。

★ 接纳他的情绪，在他愤怒、恐惧、悲伤的时候陪伴着他。这才是合理而有效的对策。

6

# 意外、疾病和疼痛

我们的生活方式、食物、缓解压力和宣泄情绪的能力都会影响我们的健康，我们并非无所不能。没有人能够阻止意外和疾病的降临，也无法让孩子避开疼痛。而孩子的痛苦对父母来说就是一场考验。所以，父母通常会要求孩子表现得勇敢、忍住泪水、不表露自己的痛苦等等，这样就不会让自己处于尴尬的境地了。

但是拒绝倾听孩子的哭泣、拒绝理解孩子的痛楚，这可能会深深地伤害孩子，而且会影响他的将来。

马塞尔50多岁了。他因为急性腹膜炎住院治疗。其实，他受感染已经好几个星期了，但他什么也没有感觉到……因为当他还是个孩子时，他就被告知要压抑自己的情感。

孩子不容许自己把父母丢弃，他总是千方百计地让父母减轻负担，即使他让父母烦透了！这是他唯一被允许的表达方式，甚至也是他保护父母唯一的方法。

作为一个孩子，他只能表达自己有权利表达的东西。如果他感觉忍受痛苦对父母来说更舒服，他就可能学会让自己对疼痛毫无知觉。他将把自己蜷缩在痛苦中，或者让自己失去感知的能力。

所以，你要了解眼泪的力量。如果某位护士要求孩子表现得坚强或者骗他说打针不疼，你一定要阻止她！直接告诉你的孩子，他的身体是他自己的，他才是唯一知道疼不疼的人。他有权利把疼痛说出来和表现出来。另外，如果你的朋友、你的岳父或者你的父亲对他说"你是个大孩子了，你……"时，你一定要反驳他说："孩子不必按照成年人的要求来控制自己的情绪。哭出来，在自己不舒服时把它说出来，这才是重要的事情。"

如果你看到孩子流泪时注意倾听，你的孩子就会感到自己被接纳、被理解，就不孤单了。当一个人感到有人支持自己时，痛苦对他来说就不那么难挨了。

如果当你不在身边的时候孩子住院了，你要向他解释，很多人在他人的病痛面前不知道如何应对，也正因为如此，有些病人会认为不表露自己的感受是值得表扬的。你要教他这么应对他人：**"生病的人是我，是我的身体，只有我才能感觉到哪里疼，哪里不疼，而且我有感觉不舒服的权利，我也有把它说出来的权利。"**

请引导你的孩子哭泣、颤抖，如果他真的很疼，你甚至可以帮助他喊出来。也许他的哭泣或叫喊声会让医生和护士厌烦，但在你的眼里，你的孩子应该比他们更重要。

# 第十章

# 几点建议，让你和孩子生活得更幸福

　　除了为人父母，你也是一个独立的个体。孩子也是一个独立的个体。你有需求，孩子也有。需求与需求之间的错位可能会造成冲突和较量，而且这种冲突和较量往往是无意识的，但以后会对亲子关系产生不良影响。

　　下面我将阐述几个重要的观点和具体的方法，希望能帮助你避免与孩子发生冲突，并尽可能地做自己。

# 1

# 保持乐观的心态

孩子很享受日常生活中某些固定不变的事情，能从中找到一些人生目标。但如果他的父母带着委屈的心态而不是幸福地过着"坐地铁、工作、看电视、睡觉"这样规律的生活，孩子看着他们，就会在心里产生一些疑问："如果我以后也要过这样枯燥无味的生活，那我为什么要长大？为什么要上学？为什么要变成大人？"我们就是孩子的榜样。

你不需要为了孩子奉献自己的全部，你的幸福就是让他幸福的关键要素之一。因为你幸福了，就会让他产生长大的渴望，让他放下想让你变得幸福的沉重负担。而且，只有快乐的父母才能在情感上对孩子更加关注！

我们的确要把新生儿的需求放在第一位，但随着孩子慢慢长大，我们可以多关注自己的需求。否则，父母的牺牲对孩子来说就是一剂毒药。你肯定会怨恨他，会感到疲惫，会失去个人空间，而且可能会越来越没有精力应对他。你应该好好休息、充充电、交朋友、做运动、出去约会、好好照顾自己，这些都很有必要，否则一点点小挫折就会让你大动肝火。

牺牲自我更多的是女性的行为，但是也有男性甘愿为孩子做出牺牲，他们认为自己就是孩子的需求对象。一般来说，父亲的奉献很少是不计报酬的，因为他们会期望有所回报，而孩子会失望地发现这只是一场交易，而不是一种赠予。

为了不让自己感觉到牺牲背后的挫败感，很多女性会采取过度补偿的策略。她们会忘记自我、不顾及自己的需求或感受，完全把孩子当成生活的重心；她们为孩子遮风挡雨，对他过度保护或关注，让自己变得不可缺少，随时准备付出一切，孩子的任何一点儿小愿望也要给予满足。这样一来，孩子的自主权便被完全剥夺了，而母亲自己也失去了愤怒的能力。但这种愤怒的情绪会被她深深地埋藏在心底。她会在无意识的情况下把内心这股强烈的怒火积累得越来越大，直到很久以后或者直到她回归自我以后才会爆发。

过你自己的生活，不要让自己活在照顾孩子的责任中。

## 孩子会试图安抚自己的父母

当父母中有一方感到郁闷、焦虑或不开心时，不管有没有表现出来，孩子都能感觉到，并且会努力去安抚对方。

米雷耶曾经是一个十分可爱而且没有任何问题的孩子。她总是笑盈盈的，非常爱开玩笑；她也很幽默，总是做一些滑稽的动作，非常活泼可爱。所以，表面上看，米雷耶生活得很幸福。事实上，米雷耶从来都没有做她自己的权利，因为她的妈妈很消沉，而她感觉到了妈妈的不开心。然而，由于她的妈妈从来没有真正告诉她自己到底为什么难过，米雷耶就认为这是自己的责任！在这种情况下，米雷耶把自己想象得与现实不符，并且努力通过尽量少提要求和逗他人笑来获得一种存在感。

米雷耶一直都在控制自己，不提太多要求，并且让自己承担起一项不可能完成的任务，那就是让自己的妈妈开心起来。不管什么情况，她都保持着笑容，似乎没有什么可以击倒她。她永远都在为别人考虑，总是把别人的需求放在自己的需求前面。她的生活信条就是"我没有需求，我没有权利过自己的生活"，还有就是"孩子就是一个负担"。

米雷耶把为他人做贡献看作理所当然的事情，从而实现着自己的价值，但她长大后很难和男性保持稳定和谐的关系。直到48岁时，她依然没有孩子。

如何才能不让孩子因为我们的问题而心事重重呢？掩盖是没有用的，因为孩子能感觉得到。我们要做的第一件事就是坦诚地与孩子沟通。如果米雷耶的妈妈和她一起分享过自己伤心的原因，米雷耶就不会认为自己有过错了。**她也就不会要求自己去治疗妈妈的心理创伤，不会让自己去履行这项艰巨而又不可能实现的任务。她本来有权利去满足自己的需求。**

在弗朗索瓦兹·多尔多提出父母要与孩子一起分享自己的情绪之前，人们认为什么都不对孩子说才不会让孩子感到不安。大家认为孩子所处的年龄段决定了他还不能理解大人之间的事，而且，这些与他毫不相干。现在我们知道了，只要我们解释给孩子听，他就能明白。告诉他真相能让他感到安心，因为这能让他把自己察觉到的事情用语言表达出来，这有助于他把自己认同为一个与父母分开的、独立的个体，也能因此避免让他背负起父母的重担。

**要知道，我们拒绝面对的一切问题将来都会成为我们的下一代或下下一代的负担。难道这真的是我们对他们的期望吗？**

过度内向、缺乏自信、拘束、愧疚、焦虑、夫妻关系紧张、职场受挫等等，从遗传学的角度来说都不是事先严格编好的程序，但它会代代相传，有时还会隔代遗传。

你的婚姻状况如何？你在工作中如何实现自我价值？你的生活是否有意义？

不要把这些问题掩盖起来，否则你会在今后发现你的孩子在与这些问题进行痛苦的搏斗。

你有可能经历经济上的困难时期，有可能失业、面临裁员或者和上司产生冲突等等，请你把这些事情说出来。不要让自己显得惊慌失措，只要把你的经历和感受与孩子一起分享，就能最大程度地减轻孩子可能背负的重担。

**秘密总有毒害作用**。你的孩子不是他爸爸的亲生孩子吗？把事情告诉他的爸爸也告诉他。你破产了吗？告诉他。你从来没有参加过高考吗？告诉他。你的父亲打过你？告诉他。

你要告诉孩子那些让你开心的事情，也不要回避自己生活中的灰暗地带。如果你闭口不谈，他就会在无意识的情况下把它烙刻在记忆里。你会惊讶地发现你的孩子也会走出和你一样的生命轨迹：学习成绩差、做一些蠢事直到让你大发雷霆或者让他自己挨揍、破产，等等。

和孩子谈谈这些经历可以让他感觉到你内心的感受，能让他理解你，能让他为同一个问题找到另一条出路。你只需要表达自己的感受，把你的经历说出来，就可以让他卸下这个重担。

而且，你要记得去拥抱属于你的快乐：放松自己，感觉身体内的活力，想想活着就是简单的快乐。不要让自己的心被日常琐事及其带来的困扰侵占，花些时间感受自己对周围的人、对孩子的爱，感受自己如何在人生的道路上勇往直前，感受自己对当前生活的满足感。

你对自己的生活不满意吗？要想办法进行改变，接受好的建议，并且和孩子进行沟通。

◆ **2** ◆

# 倾 听

"倾听，倾听，我也很想这样做，但他什么都不说！"

无数次，我都听到幡然醒悟的父母们如此绝望地抱怨着。倾听如此之难，其实是因为仅仅敞开你的心扉、竖起你的耳朵还不足以让你的孩子开口！

他需要准确无误地知道，自己的感受会不受批评和指责地被他人理解和接纳。然而，我们得承认，有时我们很难只专注地倾听一个问题而不对它进行干预、提出解决办法或自己的建议；我们很难只静静地听着别人的感受而不去安慰他，让他脱离这种状态，帮他恢复平静。

变相的命令、威胁、誓言、教训、建议、批评、侮辱、让人产生罪恶感的言语以及奉承、过度的安抚或逗趣的行为，都应该被禁止。孩子从这些行为中理解到的潜台词是：自己的感受不受大家欢迎，而且你认为他无法独自把自己从困境中解救出来。

每当我们替他解决问题的时候，我们就在剥夺他培养自主性的机会；每当我们向他解释他已经知道的事情时，他都会感到一种耻辱和无能。

倾听，就是要和他的情绪产生共鸣，这样孩子才会觉得自己的本来面目被接纳了，双方才能真正理解对方内心深处的感受。这里所谓的感受，不是听孩子说的话就能从中听出的情感信息。

　　他告诉你自己和伙伴或老师发生争执了吗？他讲述了自己某次失败的经历或者为了某件事而烦恼吗？他抱怨自己的父亲或哥哥了吗？我们**需要倾听他的感受，而不是具体的事情！**

## 用你的身体去倾听

　　任何人都会用身体姿势来表达自己的内心感受。如果你让自己保持一个孩子熟悉的身体姿势，你就能触及他的内心，绝对能更好地倾听他的感受。

　　请试一试：在椅子上尽量往后仰，双腿分开，任由双手垂下。保持这种姿势时，你感受不到恐惧。有些姿势会让人的某些情绪瞬间消失。你的身体会在无意识的状态下向孩子传达一些信息。如果你惬意而慵懒地躺在躺椅上，你的孩子怎么能相信你可以理解他在某个女性朋友面前的羞怯呢？此时此刻，你无法从生理上和心理上真正触及他的情感。因此，他知道你"根本"没有听他诉说。你在听他说的话，但没有倾听他的感受。

## 用你的心去倾听

　　要敢于接受孩子的经历在你的内心引起的共鸣。

　　但你没有必要让自己也和孩子一起哭起来。产生共鸣，并不是让你任由自己被孩子的情绪感染！你的孩子需要你的同情，希望你能体会他的感受，希望你能理解他的经历；不是让你用大脑去体会，而是用心去体会——他并不需要你跟着他一起黯然神伤。更糟糕的是，如果你哭了的话，他会为了不让你受伤而不再继续表达自我！

如果你的童年给你留下了苦涩的回忆，如果你过去有堆积如山的情绪没有得到释放，这些过去被压抑的情绪就有可能和新的情绪混杂、缠绕在一起，然后打成死结。请把你自己儿时的情绪放在一旁，另找一个时间去处理。

你可以做一次深呼吸，想象这次深呼吸让你全身的肌肉得到了放松，心情恢复了平静。

不要试图去解决这个问题，而要帮助你的孩子去表达**他**所感受到的一切。接纳他的情绪，就像用碗去装水一样接纳他的情绪。

让自己成为接纳孩子情绪的容器，不要让孩子的情感流露中断。帮助孩子向你倾诉他的情绪。对他来说，你要反馈给他作为交换的，不是恐惧、愤怒或者悲伤，而是温情——是的，只要温情，这可以让他在面对困难时变得更加坚定和自信。

下面这些话可以帮助孩子明确地表达自己的感受。

## 你可以采用的句型

*对你来说，这太难了……*

*这很难……*

*我发现（你很伤心，今天有什么事情不是很顺利）……*

*我想……*

*我明白你很难受，因为……*

*你（伤心了，生气了，有些担心）……*

*你想到（再也不能看到你们的房子）……就感到伤心。*

251

你想（报复，再也不要见到他了，再也不给他打电话了）……

你喜欢（音乐，鸟，动物）……

## 提一些开放性的问题

不要提"为什么"之类的问题，这可能会让他产生负疚感，并让他想得更多，而不会直接说出我们本来想得到的答案。所以，请试着提出一些类似"这……""是什么""怎样"或者"关于什么"之类的问题。你可以试试，这样会看到不同的效果。

发生什么事情了？

这让你有什么感觉？

当……时，你会怎么样？

当……时，你有什么感觉？

当……时，你怎么想？

是什么让你最伤心（最生气）？（当他表现出这种情绪时）

你最想要什么？

什么最让你担心？

你怎么看（某人的态度，某种行为）？

你对（某件事）的感觉如何（开心还是不开心）？

你怎么看待这些事情（这种情况）？

你对此（这种困境）怎么理解？

你是怎么想的？

你害怕的是什么？

最让你害怕的是什么？

你需要的东西是什么？

如果你的孩子向你透露了足够多的信息，你可以试着重新组织一下你听到的信息。（要注意的是，你不能在自己不了解情况时就进行干预，而要根据他告诉你的一切进行再加工。）

你可以用"当……时，你觉得……，因为……"这样的句型。

下面举两个例子：

"当你提出一个问题，老师却说你笨的时候，你觉得很生气，因为你本来希望他能帮助你进行理解。"

"当你姐姐的朋友来访时，你觉得很孤单，也很伤心，因为这让你想起一个已经搬走了的好朋友。"

**你只有在了解了事情的前因后果，帮助孩子释放和表达了所有的情绪之后，才可以提出下面的问题：**

*你觉得什么解决办法比较好呢？*

*你可以做什么呢？*

*我可以做什么呢？*

*我们可以做什么呢？*

*我怎么才能帮到你呢？*

# 3

# 用身体、心灵、大脑和孩子交流

## 抚摸和亲吻

抚摸、挠痒痒、亲吻、打闹、你追我赶，这类不可替代的身体接触其实是在对孩子说"我爱你""无论你是什么样的，我都会接受"，也可以帮助孩子对自己的身体、对自己建立深层次的信赖感。当然，前提是要尊重他设定的界限。如果孩子要求你停止，你就要立刻停止挠痒痒或者亲吻。

对一个小孩挠痒痒和亲吻是件很有趣的事情，但是，我们这么做到底是为了让自己开心，还是为了他好呢？如果我们快乐，正好也能让他快乐，那一切都没问题，但如果并非如此，那就停下来！大人没有权利利用孩子的身体来为自己寻开心。更重要的一点是，孩子要知道他的身体属于他自己，他应该被尊重。

## 与孩子一起幻想

你的女儿在一件非常漂亮的纱裙前停了下来，她看得入了迷。与其把她"拉回地面"，你倒不如和她一起幻想一下：

"我会在头上插一朵花，那一天天气很晴朗，人很多。而你，穿着这条裙子，我们一起吃着花色小蛋糕……"

如果你儿子梦想得到一辆电动汽车，那就和他一起幻想：

"你非常喜欢开车，嗯，对。我想象着你在花园里开着车，轰轰，多帅啊！"

愿望应该经常被说出来、被谈论，孩子可以拥有自己想象的生活。

请倾听他的梦想，并且和他分享你自己的愿望。

## 谈谈你的感受

谈谈你对日常生活的感受。你在工作中感到不公吗？你和自己的母亲通电话后有一种挫败感吗？你因为一位朋友英年早逝而产生了一种强烈的愤慨吗？你嫉妒某位同事吗？和孩子分享你的感受，他会觉得自己和你距离更近了，而且心里会更加踏实。

## 回忆自己的童年

这样做并不是用类似"在我们那个年代，这些东西我们都没有，我们也活得很好"这样的话来让孩子产生愧疚感，而是为了让孩子更好地了解你，也让他触摸到自己的内心情感。和他谈谈具体的事情，比如一桩趣事或某些人的行为，尤其要谈谈你自己的内心活动、你的感受、你对自己说过什么以及你想象到了什么。

当埃里克得知爸爸上学时成绩也很差时，尤其是当他知道爸爸没法好好学习的原因（他的父亲会打他，而且总是贬低他）时，他的疑虑终于消失了，成绩也变好了。这让他的爸爸极其惊讶，因为他曾经想尽办法让埃里克努力学习，却一直徒劳无功。

所有你曾经无法解决的问题，你的孩子都能采用这种或那种方式来面对。

## 和他谈所有事情

孩子比我们想象的更聪明。他的毅力、他思考时的冷静让我们惊叹，我们却向他隐瞒了那么多事情，还找借口说这些事情与他这么大年龄的孩子不相干。

受现代科技产品的影响，现在的孩子比以往的我们能够得到更丰富的信息。我们要考虑到这个因素，但不要犹豫是否应该对某个话题进行深入的探讨，只要保证你提供的信息不会太表面化，从而让孩子产生古怪的认知就行了。

## 灵魂与灵魂的交流

有时，不要把我们的孩子当孩子看待。他是和所有人地位平等的个体，有着属于自己的位置，属于自己的命运。在这一生中与他相遇，你担负着一项使命，对他有一份责任，但他有自己的个性。

"你们的孩子，都不是你们的孩子。

乃是生命为自己所渴望的儿女。

他们是凭借你们而来，却不是从你们而来。

他们虽和你们同在，却不属于你们。"

——纪伯伦《先知》

### 4

# 体验身为父母的快乐

如果孩子把沙发弄脏了、拒绝整理桌子或者考试成绩很差，不要生气，翻看一下孩子的照片和涂鸦，让自己回忆对孩子的爱，以唤起你沉睡的柔情。

被洗衣、做饭、打扫卫生等日常琐事缠身的我们，往往会忘了和孩子生活在一起的我们是幸福的。所有父母都说，童年过得很快，太快了。所以，不要错过和童年的再次相遇！

以后我们总会有时间去打扫、洗刷，而如果孩子们离开了，那我们的生活将因为没有喊叫声和欢笑声而变得寂寞无比。

# 结　语

　　情绪并没有危害性。它不只是人类生活的调味剂，甚至可以说是人类赖以生存的精髓。每当你关闭自己的心门或者不让孩子说出心里话时，每当你犹豫着是否要相信自己内心的声音时，每当你对孩子想对你说的话不予理睬时，你都在限制自己的生命，同时也限制了孩子的生命。

　　目的就存在于方式之中——莫罕达斯·卡拉姆昌德·甘地曾经这样说过。倾听我们的孩子的心声，才能让他学会倾听；尊重我们的孩子，才能让他学会尊重他人。允许自己体验自己的感受，允许自己释放自己的情绪，我们就不会把自己的痛苦映射到他人身上，就能学会接受孩子的哭泣。在他前进的路上，在他成长的每个阶段，我们都会陪伴在他身边，帮助他表达内心所想，帮助他感知自我的身份，帮助他坚定地相信自己的能力、品味、愿望和需求……总而言之，帮助他感受、认定和利用自己的情绪。

　　关心孩子的情绪，这是一个新鲜的话题。尊重孩子，把孩子当作独立的个体看待，这也是一项新鲜的尝试。就算我们不一定总能做好，也不要责怪自己。

　　我们应该改变我们的教育模式，这样才能让父母了解更多的教育方法，获得更多的支持。

# 参考书目

## 必读书目：

Cornet Jacqueline. Faut-il battre les enfants? Révigny: Hommes et perspectives, 1997.

Solter Aletha. Mon bébé comprend tout. Paris: Marabout, 1998.

Solter Aletha. Comprendre les besoins de votre enfant. Paris: Privat/Trécarré, 1993.

## 其他书目：

Bessell Dr Harold. Le Développement socio-affectif de l'enfant. Québec: Actualisation, 1987.

Bouton Jeannette. Bons et mauvais dormeurs. Paris: Gamma, 1971.

Brazelton T Berry. «À ce soir...» Concilier travail et vie de famille. Paris: Stock-Laurence Pernoud, 1986.

Brazelton T Berry. Points forts, les moments essentiels du développement de votre enfant. Paris: Stock-Laurence Pernoud, 1993.

Buzyn Etty. Papa, maman, laissez-moi le temps de rêver. Paris: Albin Michel, 1995.

Cyrulnik Boris. Les Nourritures affectives. Paris: Odile Jacob, 1993.

Cyrulnik Boris. Sous le signe du lien. Paris: Hachette, 1989.

Dolto Françoise. Les Étapes majeures de l'enfance. Paris: Gallimard, 1994.

Dolto Françoise. Les Chemins de l'éducation. Paris: Gallimard, 1994.

Ekman Paul. Pourquoi les enfants mentent. Paris: Rivages, 1991.

Garber Stephen W, Garber Marianne D, Spyzman Robyn F. Les Peurs de votre enfant, comment l'aider à les vaincre. Paris: Odile Jacob, 1997.

Gordon Thomas. Parents efficaces. Paris: Marabout, 1980.

Ifergan Harry, Etienne Rica. Mais qu'est-ce qu'il a dans la tête? Paris: Hachette, 1998.

Klein Melanie. Envie et gratitude. Paris: Gallimard, 1968.

Korczak Janusz. Le Droit de l'enfant au respect. Paris: Laffont, 1979.

Korczak Janusz. Comment aimer un enfant. Paris: Laffont, 1978.

Leach Penelope. Les six premiers mois. Paris: Seuil, 1988.

Lieberman Alicia. La Vie émotionnelle du tout-petit. Paris: Odile Jacob, 1997.

Manent Geneviève. La Dualité, un atout, Le Souffle d'Or. Paris: Barret-le-Bas, 1997.

Maschino Maurice T. Y a-t-il de bonnes mères? Paris: Belfond, 1999.

Miller Alice. C'est pour ton bien. Paris: Aubier, 1984.

259

Miller Alice. L'Avenir du drame de l'enfant doué. Paris: Presses Universitaires de France, 1996.

Portelance Colette. Éduquer pour rendre heureux. Québec: Les Éditions du CRAM, 1988.

Purves Libby. Comment ne pas être une mère parfaite. Paris: Odile Jacob, 1994.

Risse Jean-Claude. Le Pédiatre et les petits poucets. Paris: Stock-Laurence Pernoud, 1988.

Stern Arno. Les Enfants du Closlieu ou l'initiation au Plusêtre. Paris: Hommes et groupes, 1989.

Stork Hélène E. sous la direction de, Les Rituels du coucher de l'enfant. Paris: ESF, 1993.

Wagner Anne, Tarkiel Jacqueline. Nos enfants sont-ils heureux à la creche? Paris: Albin Michel, 1994.

**杂志：**

Vues d'enfance. Paris: UFSE.

# 附　录

## 声　明

鉴于孩子需要被引导，而不应该在一个身体遭到反复暴力攻击而产生条件反射的环境下成长，

鉴于成千上万的孩子每年因不遵守纪律而遭到虐待，

鉴于对孩子使用肉体惩罚会给孩子树立不好的榜样，会教会孩子通过这种方式解决人与人之间的冲突（我们知道孩子会效仿并陷入以暴制暴的恶性循环），

鉴于对孩子使用暴力是一种可以避免产生的不良行为，因为我们有非暴力的教育方式可以传授给父母，

鉴于联合国宣布2001~2010年为"为世界儿童建设非暴力与和平文化国际十年"，

**我们要求终止对孩子采取体罚措施，**

**无论体罚孩子的是谁，包括孩子的父母。**

我赞成以上声明，并且要求：

——颁布法律以禁止打孩子，不管出于什么原因。

——为孩子的父母提供教育信息，帮助他们更有效地教育孩子。

姓名：

地址：　　　　　　　　　　　　　　　　签名：